風刺画で読み解く

イギリス宰相列伝

ウォルポールからメイジャーまで

ケネス・ベイカー ［著］
Kenneth Baker

松村昌家 ［訳］
Matsumura Masaie

THE PRIME MINISTERS

ミネルヴァ書房

THE PRIME MINISTERS: An Irreverent Political History in Cartoons
by Kenneth Baker

Copyright © 1995 Kenneth Baker
Published by arrangement with Thames & Hudson Ltd, London
through Japan UNI Agency, Inc.
This edition first published in 2018 by Minerva Shobo, Kyoto
Japanese edition © 2018 Minerva Shobo

はじめに

　本書は，1994年に私が BBC のために制作した 2 つのプログラム「ウォルポールのお尻からメイジャーのアンダーパンツまで」を基にして発展させたものである。まずは BBC はじめ，プログラムのディレクター，アンヌ・タイアマン，並びにプロデューサー，アリソン・カーン及び助手プロデューサー，ラビンダー・ミーンハス氏ら全員の支援に対して謝意を表したい。

　と同時に，本書を編纂するに当たってご協力を賜わったロイ・ダグラスに対しては，特に衷心からお礼を申し上げねばならない。自由党からの候補者として 5 回にわたって議員選に挑んだ経験をもつロイは，半分引退の大学人と自らを称しているが，今もサリ大学で政治史の講義を続けている。そして彼は自ら風刺画を通じて見た政治史に関する著作を数冊公刊して好評を得ているのである。最近作としては，『今なお魅惑の偉大な国々（*Great Nations Still Enchained*）』と『1914-18年の大戦，風刺画家たちの眼ざし（*The Great War 1914-18, The Cartoonists' Vision*）』がある。全体を通じての事実と日付を確かめる上で，私は特に彼から多くの恩恵を蒙った。しかし彼は必ずしもそれらすべての判定に同意しているのではなかった。私が何よりありがたかったのは，彼のお蔭でドイツ，フランス，ロシアにおける定期刊行物所載の風刺画を参照することが可能になったことである。他に私は歴史家のローズマリ・ベイカーにも感謝の意を表さねばならない。大英博物館所蔵の個人的・社会的風刺画カタログ，最初の 5 巻分の索引を作成していた方である。初期のプリントに関して，彼女の無尽の知識に頼ることができたのは，幸甚なことであった。大英博物館プリント・ルーム館長のアントニ・グリフィススと彼の代理，マーティン・ロイヤルトン・キッシュ，それから事務職員たち全員が親切な熱意をもって，私が彼らの膨大なプリントの収集を検索するのを助けてくれた。そして本書に組入れるための多くの資料の借用を認めてもらった。心からお礼を申し上げたい。

　ありがたいことは他にも多々あるなかで，是非一言述べておきたいのは，ロンドン・レクシントン・ストリート44，W1R3LH にあるアンドリュー・エドマンドギャラリーのアンドリュー・エドマンドについてである。

i

彼は18, 19世紀の政治的プリント商の長で，彼自身のコレクションの中から３点を借用して本書の頁を飾ることができた。ロンドンのライダーストリート，SWIY6QBにあるクリス・ビートルズ・アートギャラリーのクリス・ビートルズに対しても，私は感謝の意を表さねばならない。彼もまた19世紀後半から20世紀にかけての政治画や風刺画界の長老で，彼のお蔭で本書に必要な透明陽画をとりつけることができた。

　こんな中でも一入ありがたいと思ったのは，『パンチ』図書館長のアマンダー・ジェイン・ドーランであった。英国の風刺芸術の発展に『パンチ』がどれ程重要な役割を果たしたか，これを弁えるには，彼女の博識に頼るほかにないのである。それからもう１人，ジェイン・ニュートンに対しても改めて謝意を表しておきたい。テンプルマン図書館の中のケント大学風刺研究センターの副主任で，彼女の厚意で本センター所蔵の風刺画の何点かを本書に使わせてもらうことができたのである。

　このセンターは20世紀と，同時代の風刺画の重要な作品のコレクションを年々増やしつづけている。このセンターに設置されたコンピューターベースのカタログは際立っており，他の諸図書館の範となっている。

　私はまた，この国随一の個人風刺画コレクターであるサイモン・ヒネィージの偉大な知識と熱意に頼ることができたというのも，幸いであった。

　最後に，収集品として，あるいは資産として所蔵していた風刺画の再録を承認してくれた大ぜいの収集家たち，出版物，施設等と，私が借用した作品目録及びその数を記して，謝礼に代えることにする。

　ジェフリ・アーチャー……彼の増えつづけるコレクションの中から風刺画５件。ピカデリー・ギャラリー……ビアボウムによるバルフォアの風刺画。風刺画芸術トラスト……トロッグ作のテッド・ヒース。『プライヴェート・アイ』……風刺画３件。『スピッティング・イメージ』……風刺画１件。マックス・ビアボウムの遺言執行人または財産，ストルーブ，デイヴィッド・ロウ，ヴィッキー，イリングワース，オズバート・ランカスター，マルコム・ヘイ，国会の下院における美術作品担当主事……以上の方々を通じて，18世紀から19世紀にかけての風刺画を下院から入手することができた。それから上院の図書館員，

はじめに

D・L・ジョーンズ氏……彼にはすばらしいコレクションの中からギルレイの
作品の何点かを利用させていただいた。

　私はまた次のような同時代の風刺画家諸氏からも恩恵を蒙った。彼らの名前
を列挙して謝意を表する。スティーヴ・ベル，ピーター・ブルックス，マイケ
ル・カミングズ，ウォーリー・フォークス（トロッグ），ニコラス・ガーランド，
レ・ギバード，マイケル・ヒース，ジェンセン・コール，ジョン・ケント，ス
タン・マクマーティ，クリス・リデル，ジェラルド・スカーフ，ロナルド・サ
ール，ラルフ・ステッドマン，リチャード・ウィルソン。そして最後に，たく
さんの風刺画を熟練の写真に収めてくれた，ラ・ベル・オウロル（ジュリエッ
ト・クームとスティーヴ・ディヴィ）に感謝の意を表する。

　本書の挿絵に使われた風刺画に関しては，一つ残らず版権の所持者を探し求
めたが，どうしても探索の及ばないものが数件出てきた。この点に関してなん
らかのお力添えをいただければ幸いである。

　　1995年4月

　　　　　　　　　　　　　　　　　　　　　ケネス・ベイカー

目　次

はじめに

序　章　英国政治風刺画訪………………………1
第1章　ウォルポール……………………17
第2章　ペラム兄弟………………………29
第3章　チャタム伯爵の権勢……………37
第4章　ノース卿とそのあと……………51
第5章　ピットの時代……………………63
第6章　戦争と反作用……………………75
第7章　改　革……………………………87
第8章　飢餓の40年代……………………103
第9章　無政党政府………………………113
第10章　ディズレイリとグラッドストン……125
第11章　政治の焦点はアイルランド……137
第12章　旧時代の終わり…………………149
第13章　ロイド・ジョージと自由党の衰退…163
第14章　ボールドウィン商会……………171
第15章　チャーチル………………………181
第16章　すべてばらばら…………………193
第17章　サッチャーとメイジャー………207

訳者解説——政治風刺画から漫画の時代へ　221
人名索引　227

iv

序　章
英国政治風刺画訪

　英国では，政治的風刺画と首相職がともに，1720年代に定着した。両者は互いにそろって成長しながら奇妙な関係で結びつき，爾後2世紀半以上もの間に，相互依存の形を示すようになったのである。

　本書において私は，各政権の首脳格の大臣を「首相（"Prime Minster"）」と名づけている。とはいえ，この名称が一般的に使用されはじめたのは，19世紀になってからのことであった。

　18世紀には，首脳格の大臣は通常，ウォルポールの例に見るように，大蔵第一卿の地位を担っていた。その強力な地位を攻め落とそうとする彼の政敵が彼を「首相」と呼ぶことはあっても，彼自らが首相を名乗ることはなかった。彼が失脚してから20年後にチャタムが首脳格の大臣になった。大蔵第一卿にさえなっていなかった彼が，ニューカースル公爵によって組織された名ばかりの政府の中で，明らかに首脳格の大臣になっていたのである。しかしチャタムの息子，ウィリアム・ピットこそは，1784年から1801年に至るまでの長期にわたる首相の地位を通して，真の意味での首相のあり方を確立させた。それ以後は，国王を導き得る大臣こそ正真の首相だということになった。

　政治家に対する攻撃的風刺を総称的に表す語としての「カートゥーン "cartoon"（風刺画）」は，19世紀に一般的に用いられるようになった。それ以前にはカートゥーンといえば，エッチング，あるいは木版の個別の品として販売される1枚1枚のプリントになって出まわっていた。ギルレイは，1780年代初期から彼のプリントを生産しはじめたが，私はそれ以前に現れたものをいうときには「プリント "print"」の語を用い，それ以後のものに対しては，「カートゥーン」の語を用いている。

　プリントもカートゥーンも，ものによっては，カリカチュアにもなるので，ここでそれらの定義をもう少し明らかにしておく必要がある。

　カリカチュアの技巧は，17世紀後半にイタリアではじまった。その語はアーニーバーレイ・カーラーチ（Carracci）の名に発し，P・L・ゲッチ（1674-1755）

I

によって，最初にローマで広められた。イタリア人独特の面白い，下品な姿に
描かれたそれらの絵の話は，あの有名なモールバラ公爵夫人，セアラも聞き及
んでいた。あるとき彼女は知人の若者に向かって言った。「あなたはイタリア
からきたのよね。誰か，レディ・マシャムのカリカチュアを描いてもらえる人
を探してくださらないかしら。体じゅう傷だらけで爛れているところを絵にし
てほしいの。女王様にお送りして，贔屓を少しお控えなさるようにしてあげた
いの」。

　カリカチュアは，一種の歪曲鏡だ。ある特徴を映し出すために体つきの特徴
を大げさに表現するのである。ホガースによる有名なジョン・ウィルクスの版
画のように，それは1人の人物像として1人だけで立っている場合が多い。本
書には数葉のカリカチュアがある。ウォルポールの臀部はその一例であり，ピ
ットのかがり針，ビアボウムのバルフォアやジェラルド・スカーフのサッチャ
ーなども，その類である。これらはいずれも，何か特定の出来事に拠っている
のではない。さまざまな多くの行動や，話し方，容姿など，すべてがそこに要
約されているのである。

　それに対してカートゥーンは，一般的にみて，ある特定の出来事と関連して
生み出される。カートゥーンは，何か事が発生した直後に描き出されるのだと
考えてよい。したがってこれには通常，ある程度の説明が必要になる。でない
と，やがてはその出来事についての記憶が衰えてしまうからである。もし風刺
画家が，彼の狙う人物を，それと判るイメージを通じて，カリカチュアに仕立
てるのに成功したとしたなら，彼はカートゥーンの中に，何度もそのカリカチ
ュアを取り入れるようになるであろう。このことは，例えば，スティーヴ・ベ
ルの場合に当てはまる。スティーヴ・ベルは，ズボンの上にパンツをはいた，
ださいスーパーマンとしてのジョン・メイジャーのカリカチュアを生み出した
のである（本書216頁）。ベルの風刺漫画の中に，ジョン・メイジャーがその恰
好で描かれるのは，今や常道になっているのである。

18世紀

　18世紀の30年代に，ウィリアム・ホガースは，社会問題を主題にした絵を描
き，それを版画にして売り出しはじめた。『娼婦のなりゆき』（1730-32），『放蕩

序　章　英国政治風刺画訪

サー・R・ウォルポール，最初の首相

者のなりゆき』(1733頃)，『当世風の結婚』(1753頃)。これらの版画は，絵画を買う余裕はないが，住む家に何か飾りが欲しい人たちによって買いとられた。これら版画の順調な売れ行きが大きな刺激となって，他にも版画を生産する者が増え，アートの世界には新しい民衆的な動向が流行しはじめた。

　これより少し前に，ロバート・ウォルポールが，国王の指南役大臣として登場していた。のちに彼はダウニング街10番地に住むようになる。——宮廷にも議事堂にも近い所に住めるようにジョージ2世から下賜された家であった。

　国王からの支援を利用し，下院における多数の支持を確保することによって，ウォルポールは，政府の頭としての地位につくことになった。しかし1742年には，彼もついにその多数の支持を失い，その地位からも退かざるを得なくなった。

　ウォルポールは政界の巨人で，プリントの木版画家や銅版画家たちにとって必要であったのは，その点であった。彼はプリントによって攻撃された最初の著名政治家であった。ひいては無名の版画家たちが，勇敢にもイングランド随一の権力者を的にしてダーツを放っていたとは，実に驚くべきことである。

　最初にプリントが現れたのが，ウォルポールの人気が地に墜ちたときであったというのは，意味深い。1833年，彼は広範囲にわたる物品税——今でいえば

3

消費税に相当する——の導入案を打ち出した。と同時に彼は，国民に悪税を課する弱い者いじめの独裁者として描かれた。彼はほかにまた，粘土足の巨像，政府の職務の横流し犯などとして描出されたが，中でも有名だったのは，大蔵省の入口を跨ぐ，むき出しのお尻として描かれたことであった。18世紀前半に出世を望む人であれば，その人は——少なくとも比喩的には，ウォルポールの尻にキスをしなければならなかったことを表しているのである。

　このように目に見える形での攻め方は，新奇であり，珍しくもあった。ウォルポールはこのやり方に反発して，数人のプリント商人の逮捕を命じ，数日間の留置処分をもって，それに応えた。しかし，プリントを取り締まることはできなかった。それよりももっと破壊的だと考えていた演劇を取り締まることができたのに対して，プリントに関しては，手に負えなかったのである。というわけで，彼が導入した演劇取り締まり制は，1950年代まで続くことになる。そしてプリント発禁の代わりとして，ウォルポールは，彼自身を広く宣伝する手段を講じた。すなわち，彼が偉大なる政治家——メディア・ゲームにも熟達した異例の総理大臣であることを世間に知らしめるためのプリントを作らせたのである。

　1741年，彼の政敵たちが集まったときに，ウォルポールの仲間たちは，野党の壊滅を表したプリントを掲げて見せた。野党側も黙っていなかった。彼らはウォルポール政権の腐敗ぶりを攻めるプリントを作って，それに応えた。このように，1740年代にはすでに，プリントは政治的攻防の継続と延長の道具になっていたのである。

　プリントは，ロンドンの政治的，社会的エリートを対象として，ごく小規模で生産されていた。セント・ジェイムズ，ペル・メル，ピカデリー，ストランド，シティ等のコーヒー・ハウスで，それらは回覧されていた。しかし値段は決して安くなかった。プリント1枚の価格は，概して1か月分のローソク代に相当していた——したがってプリントは，ローソクと同様で，生活にゆとりのある人たちの買物になった。少数ながらプリントを見た人たちは，政治，金融法廷などで影響力をもつ。「事情に通じた」人たちなら，プリントを疎かにすることはできない。プリントの版画師は通常無記名だが——法の規定により——プリントの販売者は，各プリントの底辺に氏名・住所を記載することにな

っていた。ウォルポールを描いた最高級のプリントの中には、ジョージ・ビッカム作のものがあり、彼の名前が記されているのも何枚か含まれている。英国における最初の風刺画家としてあげられるにふさわしい人物である。

　このような早い段階においてさえ、首相／風刺画家の関係諸要素は流行していたし、かつそれと認識できるようになっていた。

　風刺画家たちには、人びとの眼に公衆の敵として映る嫌な人物が必要であった。ウォルポールは、その第1号であった。というのは、ウォルポールは、仲間の大臣たちの存在をものともせず、自らを「総理大臣」、すなわち行政権力のシンボルと、位置づけていたからである。それはウォルポールの政府であった。そしてのちには、グラッドストンの、あるいはマーガレット・サッチャーの政府が現れるようになるのである。

　ウォルポール政権崩壊のあとになると、他の政治家たちは、まるでピグミーにも等しかったために、風刺画家たちは、途方に暮れた。総理大臣にとって最大の侮辱は、無視されることであった。1757年に10日間首相の座についていたウォルド・グレイヴについてのプリントは、1枚も存在しない。そして、6か月間を生きのびたデヴォンシャーについては、僅か1枚のプリントがあるのみ。ウォルポールのすぐあとを継いだウィルミントン伯爵は、18か月間大蔵第一卿の役に就いたが、プリントに表されたのは、僅かに2回だけであった。しかし在任期間は、必ずしも問題ではないのだ。1827年、キャニングとゴードリッチは、両者とも首相の任にあったのは数か月間だけであったが、キャニングが多くのカートゥーンに登場しているのに対してゴードリッチを扱ったカートゥーンは無いも同然であったのはほかでもない、キャニングの方が大物であったからである。風刺画家は、大物が必要だったのである。

　英国における風刺画の黄金時代は、1770年から1830年までであった。ジェイムズ・ギルレイ、トマス・ロウランドソン、ジェイムズ・セイヤーズ、リチャード・ニュートン、アイザック・クルックシャンク、ウィリアム・デント、ジョージ・クルックシャンク、ウィリアム・ヒース等によって描き表されたノース卿、小ピット、アディントン、大きなお尻のグレンヴィル、リヴァプール、キャニング、そしてウェリントンらのイメージは、これらの首相たちを後世の記憶に残すのに、極めて重要な役割を果たしているのである。

18世紀は，暴力的で性的に露骨な時代であって，その動向は，当然カートゥーンにも反映された。背信行為，放尿，密通などが頻繁に現れる。1783年にノース卿とチャールズ・ジェイムズ・フォックスが奇抜な連立を組んだとき，カートゥーンには2人のパートナーが1つの容器に排便し，それを悪魔がかき混ぜている光景が描かれている。1782年に6か月間の首相を務めたシェルバーンは，下半身の一物まる出しを模した不様な姿で描き出されている。また飲酒癖で聞こえた息子——小ピットは，泥酔状態に陥っているところを写しとられた。

　18世紀にはプリントとカートゥーンが広い範囲にわたって，民衆が政治家を判断する手段になっていた。田舎の住人たちの大部分は，文章が読めなかった。指導的立場の政治家などは，ほとんどの人が見たことさえなかったはずだ。1780年頃になると，ロンドン中心部に数軒のプリント・ショップが現れ，当時の政治的危機感を象ったエッチングや木版画を創作するためのアーティストたちを雇い入れた。版画家たちは，彼らの印象を銅版に彫刻し，インクで色付けをする。1日に作成される数百個の版画が，売り物としてプリント・ショップの窓に吊るされるのである。ギルレイは通常最初の作品に色付けをして，あとは他の版画家たちが彼の色付けを模倣するにまかせていた。このようにして，政治の世界は，内輪の教養ある中流階級だけでなく，プリント・ショップの前を通る人や，コーヒー・ハウスなどで，一般人の誰でもそれを目のあたりに見ることができた。一般大衆向けのこのアートには，特に英雄と悪党が好まれた。

　広い範囲でよく知られているというだけで総理大臣の地位は高いものとなった。小ピットは，そのような現実的風潮に煽られて，プリントに登場することが極めて多かった。というのも，フランスの革命政府による軍隊相手の戦いにどっぷり浸かっていた英国民の指導者であったからである。これらのプリントは非常に重要であっただけに，ギルレイが小ピットを酔っぱらいとして，あるいはすべての自由な英国人の古代からの自由を踏みつける暴君として，彼を描き表したときには，ピットに味方する人たちは仰天した。そして彼らはギルレイを自分たちの側へ引き入れる決心をした。ピットの若い友人で，のちに彼自身も首相になるキャニングは，1797年からギルレイに年金が支給されるようにお膳立てをするのに，おそらく一枚加わった。その年以後ピットは，以前よりはるかに好ましい光りの中に写し出されるようになった。1801年にピットは首

6

相の座を離れた。ジョージ3世が彼の提唱するカトリック教徒の解放を支持しなかったからだが，ピットは高潔な人物——首相の座から退いた傑物として写し出されるようになった。このプリントは，1990年にマーガレット・サッチャーが首相の座から引き降ろされたときに，彼女に贈られた。

ヴィクトリア時代

1820年以降になると，木版画は諸種の新聞やパンフレットに吸収されるようになり，個々のプリントの需要は，次第に先細りになってきた。新聞の出現は，プリント・ショップの伝統を葬り去ったばかりでなく，18世紀の旺盛な活力や下品な荒っぽさを遠ざけるようになった。編集者たちは，読者たちに刺激を与えたくなかったのである。読者たちは彼らの妻や子どもたちが粗雑な行為や低俗な言動にさらされるのに関して，極度に敏感になったからである。中流階級の道徳感が支配的になっていたのである。

結果として，1830年におけるグレイ伯爵から1914年のアスクィスまでの首相たちは，彼ら以前の首相たちよりはるかに楽に馬を乗りこなしたのであった。彼らが臀部むき出しの姿や排便，放尿，あるいは密通の場面を写しとられるようなことはなかった。あくまでも政治家として描かれていたのである。彼らの政策や判断が槍玉に上がることはあった。しかし彼らが常に辛辣な人身愚弄にさらされることはなかった。

1830年代には，『ザ・ルッキング・グラス』や『フィガロ』といった風刺雑誌が現れた。そして1841年には『パンチ』が創刊された。『パンチ』はとりわけ風刺の風潮を盛んならしめた。そして政治的重大局面の現状に関する国民の感情を要約することを目標として，週毎に政治風刺画を連載した。ジョン・リーチとサー・ジョン・テニエルによって描かれたそれらの風刺画は，あくまでも改良を目ざしたものであったが，時には戒めのためのものもあった。しかし目ざすのは常に改良であった。不敬は禁物，多くの文字作品や古典への言及によって，見事なユーモアが続々と生み出されたのである。そして攻撃的な悪口の浴びせ合いは，風刺画から排除された形になるのだが，政治家同士の言い合いに関して言えば，それは一段と熾烈なものになっていた。ディズレイリとグラッドストンの2人が互いにぶつけ合った悪態は，テニエルとリーチが描いた

ディズレイリを題材にしたテニエルの作品

風刺画よりもはるかにひどいものであった。

　風刺画家も身体的特徴を標的にするのを好んだ——ピールは余りにも穏やか，アバディーンは余りにも平板的，ローズベリーは，余りにも人当たりがよすぎた。風刺画家たちが特にラッセルを好んだのは，彼が際だって小柄であったからであり，パーマストンを好んだのは，口に一本のわらを咥えたりしてスマートな風情を漂わせていたからである。そしてディズレイリは，ユダヤ系東洋人の風貌をもち，グラッドストンは，ヴィクトリア朝イングランドの底力を要約したような高潔さと謹厳さを合わせもっていたが故に，風刺画家たちに気に入られたのである。

　『パンチ』に続いて，多数の他の雑誌が次々と刊行された——『ジュディ』，『ファン』，『ザ・タウンホーク』，『ウィル・オ・ザ・ウィスプ』，『ファニー・フォーク』等々。あるものは自由党派，あるものは保守党派といった具合で，すべての雑誌に政治的風刺画が掲載されていた。そしてそれらの雑誌はこぞって，名の通った政治家たちを全国民に知れ渡らせるために，支援するのであった。1870年代からは写真もまたその機能を果たすようになった。しかし結局は雑誌の方が長く人気を保ち続けた。有権者たちは，立候補者の単なる肖像ではなくて，政見を知りたがっていたからである。

　それから19世紀末に至るまで，風刺画家たちは，政治家たちに敬意を払って

8

いた。自由党支持者であったフランシス・カラザズ・グールドは，〔保守党首の〕ソールズベリーに非難の矛先を向けなかった。ハイウィング・カラーを着けて，激論中のグラッドストンを描いたハリー・ファーニスの数枚の絵は，この偉大な老人に向けられた真の敬意のしるしであった。キャンベル＝バナマンのことを意地悪く描いた風刺画を見つけることは，およそ不可能である。

20世紀

　風刺画の敬意の時代は，マックス・ビアボウムで終わりを告げた。味のある皮肉と精妙な詩行とによって，彼は滑稽な総理大臣像をつくりあげた。その巧妙な手法と敏感さをもって，彼は嘲笑を再導入した。オーストラリア出身で彼と同時代の風刺画家，ウィル・ダイソンは，怒りを再導入した。彼は労働者新聞『ヘラルド』のために風刺画を描き，トーリー党，自由党にかかわらず，権力機構に楯ついた。新しく誕生したばかりの労働党首になったラムゼイ・マクドナルドは，自由党との妥協を求めたために，こっぴどく非難された。第1次世界大戦のために一時中断していた風刺画による批評には独特の鋭さがあった。風刺画は，新聞の売れゆきと大いに関係するので，大戦後にはすべての新聞が毎日決まって風刺画を載せるのが通例になった。

　風刺画の最大のパトロンは，ビーヴァーブルック卿だ。彼は『デイリー・エクスプレス』と『イヴニング・スタンダード』の両紙に──20世紀最大の2人の風刺画家──デイヴィッド・ロウとヴィッキーをはじめ，ストルーブ，オズバート・ランカスター，マイケル・カミングズといった，その他大ぜいの風刺画家を雇い入れた。ビーヴァーブルックは，ロウとヴィッキーがかなり左翼がかっていたことを，まるで気に掛けなかったし，彼らの描く風刺画を検閲にかけるなど，1度もしたことがなかった。

　1930年代にデイヴィッド・ロウは，連日スタンリー・ボールドウィンとネヴィル・チェンバレンとを『イヴニング・スタンダード』に登場させて，彼らのムッソリーニとヒットラーへの宥和政策の問題を取りあげた。しかし，国論が大方において，彼らの宥和政策を支持していたことは明らかだった。しかしそれでもロウを引き止めることはできなかったのである。チェンバレンがミュンヘンから帰国して盛大に歓迎されたときでさえ，ロウはなおも彼を腰抜けで心

マックス・ビアボウムの首相列伝，ディズレイリからボールドウィンまで

得違い，見当違いの人物として描きつづけた。

　風刺画家は，いつでも国の大勢に対して嚙みつくだけが能ではない。とはいえ，大勢に順じないことが，彼らの義務の1つになっていることは事実だ。この場合ロウは，歴史によってそれが正当化されていたのであった。

　風刺画家たちは，彼らの標的が一目でそれと判る何らかのしるしをもっているのを好む。そのしるしは，首相を表示する省略表記となるのである。ウォルポールの場合，それはガーター勲章リボンだ。狩猟に出かけるとき，国会に出るときに，彼は必ずそれを身につけていた。それでウォルポールは，「サー・ブルー・ストリング」の名がつけられた。ネヴィル・チェンバレンの場合，それは傘となり，チャーチルの場合は，葉巻たばこだ。ハロルド・ウィルソンはパイプで，マーガレット・サッチャーは，ハンドバッグだ。そして事実首相たちは，そういったイメージにぴったり合った日々を送っていたのである。

　テレビ・インタヴューでハロルド・ウィルソンはパイプで実際にタバコを吸うよりもパイプをもてあそぶ時間の方が長かった。婦人政治家の中には，ハンドバッグをもっていない人が大ぜいいるが，マーガレット・サッチャーのハンドバッグは，彼女の権威のシンボルになった。それは彼女にとって，王の笏にも等しかったのである。

第二次世界大戦後

1960年に，一段と荒っぽい政治風刺が再生された。13年間にわたる保守党の支配が1つの契機を生み出したのである。しかし時代精神にも変化が現れていた。尊敬の概念が完全になくなって，ビートルズやロックンロールが登場し，荒々しい政治的デモンストレーションが一段と激しくなって復活した。雑誌『プライヴェート・アイ』と，テレビ番組の『その前の週にあったこと』は，とりわけ辛辣であった。上流社会や権力者，財産家に対して嘲笑愚弄がさかんに発せられるようになったのである。風刺画の美術は，この先鋭の時代の先駆をなしていたのである。ジェラルド・スカーフとラルフ・ステッドマンは，18世紀のカリカチュアに現れていた鋭く意地悪で下品な手法を大戦後の風刺画の世界に持ちこんだ。甚だしい歪曲やむき出しの臀部が紛れもなく戻ってきているのである。怒りをためていたかに見えるスカーフとステッドマンは，破壊を求めた。彼らの最初の犠牲になったのは，ハロルド・ウィルソンとテッド・ヒースであった。ラルフ・ステッドマンは，彼が描いた何人かの政治家たちについて，「力づくで痛めつけてやる」と思っていた。その狙いを彼は叶えた。しかし今では，ステッドマンは政治的風刺画を手放してしまっている。なぜなら，それは却って政治家たちを勇気づけるだけだと，彼は信じるようになったからである。偉いつもりの政治家たちに身の程を知らしめるのに，軽蔑的な無視にまさるものはないのである。

過去30余年の間に，一段と過激さを募らせた風刺画家も何人かいる。それらの風刺画家たちは，粗雑で荒っぽく，残酷さを増した。この傾向はおそらく，彼らの読者たちが見たいものの質的変化，あるいは少なくとも彼らが馴染み深くなったものが何であったかを反映しているといえるだろう。スカーフとステッドマンの作品を基礎にして構築され，従来よりはるかに広い範囲の読者たちに政治的風刺画を流布させた「スピッティング・イメージ」はその代表例である。ここでは，鋭敏さ，あるいは機知は断固として拒否されて，暴力的な野暮ったい風刺画が好まれた。

しかしマーガレット・サッチャーであれ，レーガン大統領であれ，標的にされた人物が死ぬ程打ちのめされて，彼または彼女が頭をたたき割られて，顔面が粉々にされた，そのあとには，他に言うことも，なすことも何も残らなくな

る。皮肉にしろ風刺にしろ，流行は変わり，「生き写し」の最盛期もすぎた。今ではほとんどの風刺画家たちは，伝統的な手法に立ち戻り，もっと温厚な皮肉や鋭敏な風刺を好むようになった。風刺の歴史において1つ明らかなことがある。いかなる新しい流行も永遠には続かない，ということである。

風刺画家たちと首相たち

　総理大臣を判定する上で，風刺画家たちには政治評論家やジャーナリストより有利な点があった。風刺画家は文書誹毀罪で提訴されることは滅多にあり得ないことを心得ているから，彼らは鋭い批判に深入りができるということだ。視覚的イメージは，文書あるいは所定の長さの政治批判よりも記憶に残りやすい。政治風刺画は，目に見せる批判である。機知に富み，娯楽性をもち，そして独自の厳しさを有していることによって，風刺画家は，非常に効果的なユーモアを駆使するのである。権力者を動揺させることができるのは，笑いである。

　そもそものはじまりから風刺画家たちと首相たちは，互いを必要とした。現代の風刺画家，マイケル・カミングズは，風刺画家にとっての首相は，建築業者にとっての煉瓦に等しい——「首相がいなければ，われわれ全員が余計な存在になっていたであろう」と言った。当初からそうであったのである。同様に政治家たちも風刺画家を必要とした。というのは風刺の対象になることは，すなわち彼らが，然るべき地位についていることを意味するからである。首相たちが好意をもって恰好よく描かれるのを喜び，嘲笑の意図をもって表象されると，大いに憤慨するのは驚くことではない。彼らの中には，彼ら自身を描いた風刺画を収集する者もいた。ピットもフォックスも折りにふれてプリントを買うことがあった。ロバート・ピールは，膨大な数のプリントを収集していて，最後にはそれをアメリカのある図書館に売った。テッド・ヒースという政治家は，彼自身の特徴を描いたプリントのささやかなコレクションをもっていた。すべてが彼を好意的に描いたものであった。批判的に描かれたものはどうしてもっていないのかを尋ねられた彼は，とんでもないといった表情で答えた。「そんな思いもよらぬことを。不公平なものなら，わたしは思い出すのさえまっぴらだよ」。

　一般的にみて，総理大臣は，風刺画家から，誉められるより批判される方が

多かった。しかし少数ながら例外がある。その第一は，チャタム伯爵の大ピットであった。大ピットは，フランス軍との戦いでイギリスを勝利に導き，最初の大英帝国を築いた国民的英雄であった。彼の肖像は概して好意的に描かれる。彼を批判的に描いたプリントがあれば，それらは，おそらく彼の政敵によって依嘱されたものであった。彼が倒れて精神的異常の症状を呈したとき，版画家たちは，彼の気の毒な衰弱ぶりを描出するためにエッチング針を使うことを控えた。

　例外の第二は，チャーチルであった。彼の政界における初期の段階では，激しい攻撃に曝されることが多かった。しかし1930年代後半になると，〔チェンバレンの〕宥和政策に対して真っ向から強烈な反対を唱えたために，名うての風刺画家，デイヴィッド・ロウ——彼自身は社会主義者であったにもかかわらず——のお気に入りの政治家になった。第二次世界大戦における真の悪者は，ヒットラーとムッソリーニであったから，風刺画家全員がチャーチルを支持していた。

　次の三番手はマーガレット・サッチャーだ。彼女は多くの辛辣な風刺画家たちの題材になっていた。しかし彼らは彼女の力に取り入ることもしばしばであった。風刺画に表象された彼女は鉄の女であったり，いかなる場合にもUターンをしない強気で決断力に富んだ指導者であったり，あるいはズボンをはいた婦人首相として描かれたりするのであった。これらはどちらかというと，持ち上げられた場合のサッチャー像であった。スティーヴ・ベルなどは，認知症にかかった人物として表象しようと試みたこともあったが，彼女の評判を落とし得た風刺画家は，ほとんどいなかった。マーガレット・サッチャーは，これらの荒っぽい風刺画に微動だにしなかった。それらは1つとして彼女にまで届かなかったのである——おそらく彼女はそんなものを見ようとしなかったし，「生き写し」には目もくれなかったからである。

　風刺画家たちは，意図的に相手を傷つけようと狙っているのだし，場合によっては，それが的中することもあった。1761年に現れた数多くの野蛮な風刺画によって，明らかに動揺させられた1人の首相は，ビュートであった。彼はすっかり怖気づいてしまって，数年後には首相の座を降りた。彼の後継者たちの中にも，風刺による攻撃の強烈さに敏感な者が何人かはいた。ボールドウィン

「いま何かで煩わされそうなことでもおありで？」——ヒース作「ジョン・メイジャー」(『インディペンデント』誌，1991年より)

から見れば，ロウは「悪人で意地悪」であった。イーデンは，毎日8時にベルを鳴らして彼の院内幹事テッド・ヒースを呼びつけ，新聞がどのように彼を取り扱っているか，ぼやくのが習慣になっていた。

　風刺の歴史の教訓の1つとして言えるのは，これが神経過敏な総理大臣には引き合わないということである。ウェリントン公爵が，彼の姿を表した風刺画の何点かを見ながら笑っているところを見た人もいた。しかし彼は，風刺画のあるものには傷つけられたこともあった。彼は仲間に向かって悲しげに，しかし賢明に言った。「世の中にあるのは，ただ悪口だけですね，ミセス・アーバスノット，だから私もそれに曝される決意を固めておかねばなりません」。グラッドストンは，その長い政治人生の終わりに，頭の変な馬鹿年寄りとして風刺画に描かれた。しかしこれらの攻撃が彼の超人的自信を少しでも揺るがしたという記録は，一かけらも残っていない。彼は答えるべき相手は神であって英国の新聞ではないということを究極的に弁えていたのである。

　ロバート・ウォルポールを描いた最も辛辣なプリントであっても，それが英国政界の「大物」のしるしとなって，彼はかえって有名になった。しかしそういうことが，多くの低い地位の政治家たちにも及んだというわけではない。ペラム兄弟は，永遠に汚辱の沼に沈められたままだったし，アディントンはいつまで経っても下っぱの政治家でしかなかったし，アバディーンは老婆と呼ばわ

れ通し，バルフォアはしなやかな疑問符として，そしてイーデンは狼を装った羊として，記憶されている。

　以上のような風刺画の歴史から私が引き出す結論は，次の通りである。

　低い地位の政治家たちがもし風刺画の一撃で怖気づくのであれば，そんなときは特に傷が残るかもしれない。しかし正真の政治的巨人たちの名声は，風刺画家らが残した彼らの表象によって，損なわれるものではない。偉大な首相たちは，いかなる非難毒舌からも必ず立ち上がる。疑いもなく，彼らは相応の自信をもち，風刺画家よりも彼らの名声こそが，「歴史の女神（ミューズ）」を動かして彼らの実績を判断してくれるものと信じていたのである。

第1章

ウォルポール

サー・ロバート・ウォルポール（のちにオーフォード伯爵）
大蔵第一卿　1721年4月21日‐1742年2月

　1714年にアン女王が逝去したときに，世襲制に基づいて王位継承権の筆頭にあったのが，アン女王の異母兄弟ジェイムズ・スチュアートであった。彼はジェイムズ3世になるはずであったが，それより半月ほど前に議会を通過した国会制定法によって，彼は王座から締め出されることになった。ローマ・カトリック教徒であったからである。その制定法には，王位はハノーヴァー家の統轄者に渡されることが定められていた。その当時，ハノーヴァー家を統轄していたのは，ジェイムズ1世の孫娘で選帝侯婦人のソフィアであったが彼女はアン女王より少し前に死去していたので，その子息ジョージが王座に即くことになった。

　ジョージの最大の取り柄は，彼がカトリック信者でなかった点であった。彼は人物としての魅力がなく，人気はゼロに等しく，英国内よりもハノーヴァーにおける取り分の方に関心が深かった。ドイツでの生活が長かったせいで，まともに英語を学ぶ気持ちなどさらになく，彼の大臣たちとは，フランス語かラテン語で語ったり文通をしたりしていた。奥方とは殊のほか折合いが悪く，彼女を牢に閉じこめたままでも平気であった。そして醜悪な2人の女を連れこんだ。1人は背の高い，痩せ形の女で，「メイポール」の名で呼ばれ，ケンダルの公爵夫人になった。もう1人は小柄な肥満型であったので，「エレファント・アンド・カースル[1]」と名づけられてダーリントンの伯爵夫人になった。

　ハノーヴァー王朝にとっては幸先のよくない船出であったが，ジェイムズ・スチュアート支持のジャコバイトが1715年に反乱を起こしながら，無能に加えて計略がお粗末であったおかげで国王ジョージは難を逃れ，その後継者たちも無事であった。かつてのアン女王は，彼女自身の大臣たちを自分で決め，自ら閣議を統轄していた。ジョージも大臣の使命に関しては前例を踏襲したが，英

語力が不足していたのと，頻繁に外国へ出かけて留守になることが多かったために，たとえたまにはその気になったとしても，彼が政府内で積極的に役割を果たすことは不可能であった。

1715年に国王ジョージは，ウォルポールを陸海軍支払長官，または大蔵第一卿に任命した。彼は18か月間その地位につくことになる。その頃に彼を総理大臣と呼んだ人は，1人もいなかった。1721年にウォルポールは再び大蔵第一卿に任じられて，南海泡沫事件として知られる大変な財政的スキャンダルと大恐慌の後始末の任を担うことになった。そして今度はおよそ21年間，その地位を保ちつづけたのである。

見方次第では，ウォルポールの選抜には人を驚かせるものがあった。その時代における最重要な政治家と違って，彼は貴族ではなく，大した資産家とさえ言えない地方の地主の息子たるにすぎなかった。しかし彼は下院の議員となり，それを基盤にして勢力をのばした。

特に最初の9年間，ウォルポールは大いに彼の権威を主張しなければならなかった。彼の義理の兄弟，チャールズ・タウンゼンドのように，他の政治家たちが，彼と同等の，あるいはもっと重要な地位についているのだと思われていたからである。1730年頃になると，彼は政府内で最も有力な大臣としての頭角を現し，それからまもなく非公式ではあるが，「総理大臣」として呼称されるようになったのである。

偉人の像・または英国の巨像（1740年）

ウォルポールは，まさに世界をまたいで立つ巨像で，その別名のひとつである「大いなる人物」気分にひたって，ご満悦の態であった。ジョージ・ビッカム作のこのプリントは6ペンスで売れた。そしてこれはウォルポールを偉大な人物として描いたものだということになった。しかし実を言うと，これは彼の首相時代の末期に関して痛烈な皮肉を浴びせたものであった。ウォルポールは，平和と低額の税金に無我夢中であった。したがって彼は，1739年にはじまった「ジェンキンズの耳戦争[2]」で，スペインと戦う気をなくしてい

たのである。事実彼は，その戦争は国民がベルを鳴らすこと（ringing）によってはじまったが，彼らの手を抑えつけること（wringing）によって，それを止めさせるのだと言っていた。このやり方を民衆は喜ばなかった。特にロンドン・シティの商人たちは不満であった。それで，かの巨像の両足のまわりには，大混乱と絶望の渦が生じた——造船が滞ったために艦隊が出航できなかったのである。沈みかけた1隻の船があり，給与にありつけない船員たちの姿が見える。シティの商人たちは取引がなくなったのを歎き，1匹の純血種のブルドッグだけが「安らかに横たわっている」。

18

第1章　ウォルポール

1727年にジョージ1世が亡くなると，ウォルポールは，その地位を保つのに相当の苦渋を味わわねばならなくなった。ジョージ2世は，ハノーヴァー家の常で，彼の父親と折合いが悪く，まっ先にウォルポールの追放にとりかかろうとした。そこでウォルポールは新王とその妃に対して王室費として，法外に多額の支払いをすることを申し出ることによって，その地位に踏み留まることができるようになった。

　国王と王妃は，下院の全体の中でこういう申し出ができるのは，ウォルポー

勝利の物品税（1733年）

　18世紀における全般的な政情としては，貧困層から税金を絞り取る方が好都合であった。彼らに対する労働の奨励につながるからである。そのような理屈でウォルポールは，上，中流階級が納めるローソク税を撤廃し，全国民が払うことになる塩税の再導入を図った。そして1733年にウォルポールは，800万人のうち40万人の国民が納める土地税額を引き上げ，輸入税に代えるために，タバコとワインに物品税を課すことを提唱した。しかし，それは密輸によって，ほとんど無税同然の状態になった。この成り行きは，たちまちパンフレットや風刺画による戦いを呼び起こし，ウォルポールに敵対する者たちは，この物品税は，やがて，今日における消費税同様に，あらゆる品物に付加されるのだと叫びはじめた。ウォルポールは，その法案の最初の議会では賛成60％を獲得したが，1か月後には，これをひっこめざるを得なくなった。

　ここに映っているのは，以上の出来事によって生み出されたものの中で最もよく知られたプリントである。ウォルポールが新税導入の準備にとりかかり――たとえ軍隊を出動させて，それを国民の喉へ押しこんででもやり通そうとしているのである。

英国の物品税（1733年）

2つ目の風刺画には，物品税から黄金の玉がウォルポールの膝の上に流れ落ちる光景が写し出されている。このように煽動的な風刺画の呼び売り商人の何人かが逮捕されて，治安判事の前に引っぱって行かれたが，まもなく釈放されている。

「見よ，このドラゴン物品税は
一万個の目と
五千の口をもっていて
私たちをむさぼり食う
毒牙と鋭いかぎつめと
大きく開いたあごをもち
腹はさながら庫のごと」。

ルをおいて他にいないことを知っていた――彼こそ必要不可欠な人物だ。ウォルポールも新国王妃，キャロラインに知恵を授けて，彼女を国王を動かすための手段として利用することを考えたのである。――彼はいかにも彼らしい世俗的な調子で言った，「いいカモを手に入れたものだ」。

1737年にキャロラインが死んで，ウォルポールの権勢も徐々に衰えはじめたが，彼がその地位から追われるまでには，なお数年を要した。

ウォルポールにとっての最大の目標は，ハノーヴァー王朝繁栄と，その王朝におけるプロテスタント継承をゆるぎなきものにすること，戦争と外国相手の冒険を避けること，そしてそのためには税金を減らすことであった。このような彼の政策は「眠る犬は寝かしておくべし」といった格言に喩えられたが，これは実は過少評価にすぎる。というのも彼は，相つぐ超難問の数々を実に並々ならぬ巧妙さをもって，手際よくさばいていたのである。

長期間にわたって重職に就いているあいだにウォルポールは，彼自身の重要性，彼の職務の重要性や下院の重要性を築きあげた。政務の場でウォルポールが握っていた鍵といえば，それは国会や教会，海軍，陸軍等において，国王の愛顧を存分に利用できるということであった。中でも下院で政務処理を行うときのその愛顧の効力は，絶大であった。

18世紀では，有権者のほとんどが，数人，あるいは往々にして一個人の支配下におかれていた。選挙は，規則というよりは，むしろ「例外」であった。選挙が行われるところでは，政権側の影響力が圧倒的になる——18世紀を通じて総選挙で政権側が敗北したことは，1度もなかった。政権側の影響力というのは，本質的にいえば，国王がじきじきに，あるいは選抜された何人かの大臣を通じて，王室の多額の金品と権力とを巧みに利用することにより，絶対多数の指名者をつくり出すように働きかけることを意味する。ウォルポールはこういう影響力行使の達人であったのである。

ウォルポールは，財産も大きく蓄えた。総理大臣として10番地に入居したときよりもはるかに大金持ちになって，立ち去った数少ない中の1人であった。

首相を務めた人たちが，職を離れた後に，回顧録などで多額の収入を得て，黄金の隠居生活を楽しめるようになったのは，20世紀になってからのことである。

ウォルポールの莫大な富は，毎月の終わりにおける政府の収支勘定が，大蔵

偶像崇拝（1740年）

ウォルポールの最も有名なプリントは，彼の顔ではなくて，お尻である。ウォルポールの大きなむき出しの臀部が国庫の入口にまたがっている。そしてキャプションにあるように「外へ出る人，あるいは中へ入る人は，誰であろうと，その下をくぐらねばならなかった。そのとき彼らは偶像崇拝の敬虔さをもって上を見上げ，その通用門の両頬にキスをするのであった」。国庫に通じる昇進小道には，富，自慢，虚栄，愚劣，贅沢，欠乏，依存，卑屈，我利我利盲者，汚職，地位悪用，といった文字が刻まれた輪をころがす1人の男の姿が見える。

国庫ビルディングへ行くには，セント・ジェイムズ・パークの遊歩道を通り抜けて，ダウニング街へ出ることになる。ウォルポールにとって極めて重要だったのは，すべてのことにおいて中心人物となり，可能な限りウェストミンスターと，セント・ジェイムズ王宮の近くにいることであった。1737年に彼は，ジョージ2世からダウニング街10番地の建物を贈られた。

だが，この10番地の建物は，不動産相場師，ジョージ・ダウニングが建てた安普請であったので，これを補修するのに，大変な手間がかかった。ウォルポールは国庫によってその支払いがなされるまでは，入居を拒否した。結局この建物は大蔵第一卿の公舎となり，今でもそのドアにかけられている真鍮製の標札には，この扇書が標されている。

ここに映っている絵には，これといってウォルポールの特徴が描かれているわけではないが，これを見た人なら例外なくこれが誰かを知っていた。ある意味では，ウォルポールは，むしろ上機嫌であった。国王の愛顧のまっただ中にいた彼の威力がありのままに映し出されていたからである。偉大な人物は，偉大なお尻をもつ。

第 *1* 章　ウォルポール

第一卿としての彼の意のままに処理されて、金を投資に注ぎこむことができたという事実から得られたものであった。このようなやり方は、ウォルポール1代で終わった。しかしこれによって彼は、莫大な個人資産を蓄え、ノーフォークに豪華な宮殿——ホウトン・ホール——を建築して、豪勢な絵画を収集した。ときどき彼は、絵画の新しい作品を見に行くために閣議を打ち切るようなこと

2本の杖の悪魔（1741年）

ウォルポールが2人の国会議員に担がれて、汚職の泥沼を渡っているところ。その泥が彼の身にくっつかないよう工夫がなされているのである。他の議員たちは、彼らの衣服から泥を払い落とすのを見て、堤防の上のブリタニア〔大英帝国を象徴する女性像〕は泣いている。そこを狙って、1人の選挙員が、賄賂に使うための金をくすねている。

おそらくヒューバート・グラヴェロット（1699-1741）作のこのプリントは、1741年1月、総選挙が行われる直前に発行された。このプリントに書き込まれた「人間それぞれに相応の価値あり」という寸言は、不当にもウォルポールのことを指しているといわれるが、おそらく見当違いだ。しかし、彼の成功の大半が、政務の巧みな操作によるものであったことは間違いない。多くの者が家族のいる実家や親類の家へ戻るありさまを称して世間では「ロビノクラシー」〔Sir Robert Walpole のレジームを意味する〕という新語が流行するようになった。

ウォルポールは彼の長男をリッチモンド・パークの整備員に任じた。彼自身の愛人のための住居をそこに設けたかったからである。彼はそれを幸せなセカンド・ハウスに転用したのである。彼の権力獲得の鍵となったのは、前述のように国王の愛顧であった。彼が国王との接見に関して事こまかに記しておいたノートの内容は、90％以上が仕事に関することであった。

第1章 ウォルポール

愛国者政治家（1740年）

　ウォルポールを描いた風刺画およそ100種のうち，好意的に描かれているのは，わずか2，3点。おそらく彼自らが頼んでそれらを描かせた可能性が高い。ファン・デル・グフトによって描かれて1740年に公刊されたこの作品は，例の「英国の巨像」に対する応答として描かれたもので，1シリングで売り出され，広い範囲に行き渡った。これには，ウォルポールがエリザベス朝の大政治家バーリーに導かれて栄誉の殿堂に入り，智慧の女神ミネルヴァの歓待を受けているところが描かれている。ウォルポールに批判的であった批評家たちの中に「愛国者」の別名で呼ばれる人物が数人いた。この風刺画は，ウォルポールが自分こそが真の愛国者だと吹聴しながら彼らに逆襲するところを示唆している。巧みなメディア操作のはじまりの一例である。

　もあった。王室は別として個人蔵のものとしては最高級の彼のコレクションは，彼の死後にその孫によって，ロシアのエカテリーナ女帝に売り渡された。それが今ではサンクトペテルブルクが誇るエルミタージュ美術館の基軸をなしているのである。

　ウォルポールはとても裕福であった。画家であり，建築家として有名なウィリアム・ケントが彼のために造った豪華な威厳たっぷりのベッドの装飾に，彼は1219ポンド3シリング11ペンスを使った——今であれば1万ポンドを超える額になるであろう。彼は地位から得た果実と権力からの装飾を存分に味わったのである。彼は多彩な趣味——酒豪で狩猟好き，美酒にガルガンチュア[3]ばりの大食漢，そして何よりも策略——をもって揚揚たる人生を送った。

　ウォルポールはホイッグ党員だと言われるが，18世紀における党名の使い方には，注意を要する。ホイッグ党員とトーリー党の支持者たちが擁する政治思

元首相（1743年）

　英国における先駆的な政治風刺画家の1人としてあげられるジョージ・ビッカムによって描かれたウォルポールの像である。このプリントは，ウォルポール政権崩壊の1年後に出版された。ホイッグ党のウォルポールのために，教会における昇任が妨害されたと信じこんでいたトーリー党派のジョナサン・スウィフトは，彼の仇敵であるウォルポールを，次のように揶揄した。

「まずは，わが所感を立証すべく，
一政治家を眼の前にすえよう，
五体そろって丸太りの一人の大臣，
恥知らずの顔面に裏切りのずる笑い，
二列の歯並びはむさぼるあごの武器をなし，
すべてをこなす胃袋はダチョウに似る，
思うほどこの怪物眼前に見えてきて，
世に向かって反対派を誹謗することしきり，
意味のない声はりあげてごうごうと，
口からほと走るのは，水量豊かな泥の川，
かくのごとく，彼は宮廷，上院相手に，
騒音，図太さ，虚偽で固めた策略を
もって働きかけているのだ」

想は，互いに混じり合って区別がはっきりしない。その当時における政治的色分けがはっきり定まっていた点としては，ホイッグ党の全員が，ハノーヴァー家の王位継承を支持していたとみなされていたことである。トーリー党にも部分的にはそちらに同意する者もいたが，それ以外は全員がジャコバイト〔ジェイムズ2世とその子孫〕を追慕していた。ウォルポールの内閣は，ホイッグ党によって成り立ち，以後1760年にジョージ3世が王位につくまでは，政府が変わっても，それは変わらなかった。しかしこのことは，ホイッグ党が終始一貫してウォルポールを支援していたことを意味するのではない。彼の絶大な勢力が衰えはじめると，野党側に寝返る者も出てきたのである。

　1740年代初めの頃になると，ウォルポール批判の勢力が次第に優勢になった。スペインとの戦争を煽る愛国の熱情によって，ウォルポール批判の勢いは，ますます勇気づいた。それでもウォルポールは，彼の行為を調査することを求めて提案された譴責（けんせき）の動議をどうにか切り抜けた。このとき彼の批判者側の大物の1人が，彼を "Prime Minister" ——「英国の法律では知られざる役職名」であった——呼ばわりして痛烈な非難を浴びせた。

　それから数週間後，ウォルポールは些細な問題で下院で敗北し，彼の政権から退かねばならなくなった。下院の威力を築きあげるのに極めて重要な役割を演じた人物が，今や下院における投票の結果により，そこから放遂された，行政府の頭第一号になったのである。

　風刺画家たちもひと目でウォルポールと判断できる独特の目じるしが欲しかった。そしてガーター勲章のリボンに目をつけた。彼は狩猟に出かけていくときでさえその青いリボンの飾りをつけ，よそ行きの服の胸部にそれを吊りさげて喜んでいた。彼は下院に出かけるときにも必ず身につけ，他の議員たちは，それを見るとむかついた。彼は平民として初めて代々にわたるガーター勲爵士に叙せられたのをこの上なく誇りに感じていた。そこで風刺画家たちは，ウォルポールを見たことのない人たちのために，ガーター勲章を彼の目じるしとして使っていたのである。ということで視覚の面からの表象の1つとして，「サー・ブルー・ストリング」というあだ名がつけられたのである。

　ウォルポールは，これらの風刺画がお気に召さなかったことは明らかである。だが，それらに対して彼がとった唯一の行動は，時折に街道での風刺画売り商

人たちを捕まえて，数日間監禁させるだけのことであった。彼はパンフレット
を配ったり，ジョン・ゲイの風刺劇『三文オペラ』（1728）のときのように，
舞台を襲ったのでは，もっと手のつけようがなくなると考えた。観客はすぐに，
その主人公のマクヒースがウォルポールを意味していることに気がついたし，
愉快な女，ポリ・ピーチャムはウォルポールの情婦であると，噂されていた。
彼との間で2人の子どもを産み，後に彼の妻になった女である。彼が劇場に検
閲制を導入したのには，このような経緯があったのである。しかし風刺画のプ
リントだけは放任していた。われわれは挙って，この点で彼に感謝の意を表す
べきである。

訳注
(1) テムズ川南岸サザック南方のニューイントンにある地名で，その由来については
　　諸説がある。そのひとつに背中に城を乗せた象の図を描いた中世の紋章からという
　　説があるが，この地方にあった昔の旅籠屋の名前に因むというのが一般的である。
(2) 1739年にカリブ海で起きた英国とスペインとの間の戦いをさす。英国の船長ロバ
　　ート・ジェンキンズの名に因む。1738年にジェンキンズは，1731年に西インド諸島
　　でスペイン人たちに船に乗りこまれて耳を切りとられたことを国会に陳情し，それ
　　が両国の戦争へと進展した。
(3) フランソワ・ラブレー作の風刺喜劇の主人公で大食漢の巨人の典型。

第 2 章

ペラム兄弟

大蔵第一卿

1742年 2 月：ウィルミントン伯爵

1743年 8 月：ヘンリー・ペラム

1746年 2 月：バース伯爵

1746年 2 月：ヘンリー・ペラム

1754年 3 月：初代ニューカースル公爵

1756年11月：第四代デヴォンシャー公爵

1757年 6 月：ウォルドグレイヴ伯爵

1757年 6 月 - 1762年 5 月：初代ニューカースル公爵

　ウォルポールが退陣したあと，巨人はいなくなった。ジョージ 2 世は，かつての彼の私的財務官，ウィルミントン伯爵を，喜んで大蔵第一卿の地位につけようとした。何年か以前のウィルミントン——その頃にはスペンサー・コムトンとして知られていた——は下院での演説の名手として知られていた。彼は18か月間，指導的な大臣の地位についていたが，それはほんの一時凌ぎのものであって，すぐに他の者にお株を奪われた。中でも不満であったホイッグ党の〈愛国者〉カータリットや上院でのウォルポールの右腕であったニューカースル公からの攻勢は激しかった。ロバートの四男，ホラス・ウォルポールは，彼の父親が「今でも大臣のままでカーテンの奥にいるのだ」と言っていた。

　1745年にウォルポールが死んだあとの政治的局面は，ほとんど20年間にわたって 2 人の兄弟——すなわちニューカースル公，トマス・ペラム・ホールズとヘンリー・ペラムとによって支配されていた。両者とも大蔵第一卿の地位を経験し，両者とも総理大臣と呼ばれるに相応しい権威と威厳を十分に備えていたからである。ペラム兄弟は莫大な富と実力とをもって，手際よく下々の者たちを使いこなしたのである。1745年にジャコバイトの反乱が敗北したあと，ジョージ 2 世は，彼らを排除しようと考えた。公平な良心の人とはおよそ言えないホラス・ウォルポールは，ニューカースル公について「あれは底なしの策略家

29

で，秘密観念や政治観念はゼロ，大臣とはいっても彼の上役からは軽蔑され，嫌がられていた」という人物像を造り出した。

しかし下院とロンドン・シティの商人たちは，高額のヨーロッパ戦争〔オーストリア継承戦争，1740-48〕の資金提供を拒否する構文——"No Pelhams, No Money" をもって抵抗した。それでペラム兄弟は復帰し，下院における巧みな采配ぶりによって，地位に留まることができた。

ペラムは言った。「下院議員は手に負えない大きな集団で，それに忠誠を尽くしてもらうためには，巧妙な手管と思いやりが必要である。われわれの力量の中には，後者がまだまだ不足している」。しかし実は彼らはそれを十分にもっていた。

彼らが思いのままに行使している不純なパトロン行為の制度に対して，風刺画家たちは，彼らに対してすでに辛辣な鉾先を向けていたのである。ある風刺画には，彼らが互いの落としものを食べている豚として描かれている。その中でニューカースル公は言っている。「これを喰らえ——こん畜生——あんな輩にとって，いやなものなんてないはずだ」。また別の風刺画では——疑いもなく18世紀を通じて最高に残忍な風刺画の1つだが——ブリタニアの腹わたを抜き出す彼らの姿が描かれている（右図を参照）。

ニューカースル公は滑稽で神経が細かく小柄で，角材縁の大きな眼鏡をかけているのが特徴であった。彼は婦人として描かれた首相の第1号——34頁の年寄りの魚売り女がそうである。しかし権力とそれに伴うすべてのものが好きな彼は，できるだけ長い間それにしがみついていた。彼は下院に強力な大臣が必

2人の兄弟の仕業（1749年）

英国の象徴ブリタニアが「葬儀屋総務部長」という文字の入ったリボンを身に着けたニューカースル公と，その弟のヘンリー・ペラムによって，腹わたをえぐり抜かれて八つ裂きにされている。彼女の切断された腕，ケープ・ブレトン，ジブラルタルが，最近失われた英国の領土を表している。ブリタニアの尊い生き血が「わが公債や国債にかかる利息」という標示のついた水たまりに流れこんでい

る。一頭の白馬が近づいて水を舐めているが，白馬はハノーヴァー家の紋章を表象する。

ブリタニアからはぎ取られた腹わたは，多くの取り巻き連中や小役人どもの食物に供せられる。このプリントに添えられた詩には，次のような2行連句が含まれていた。

「とりついた邪悪な毒蛇の子をさえ悪化させ，汝が生命源を引き裂き血を空にせしめる」

第 2 章　ペラム兄弟

英国を安らげるための政治的吐き出し（1742年）

　ウィルミントン〔スペンサー・コムトン，1673？-1743〕は極めて存在感が薄く，政治的にも目立たなかった。それで彼が風刺画に描かれたのは僅か２回。しかもいずれの場合もそれが誰なのか，はっきり認定されることはほとんどなかった。この図には，三角帽子をかぶって，ウォルポールの足もとに跪いている彼の姿が描かれているのだが，それも大蔵第一卿の地位にありついたことが表されているから気がつくのである。

　ウォルポールは失墜した。政治世界の小者たちは，彼が明け渡すことになった地位，官職，権力にありつこうと，一斉に立ちあがったのである。この風刺画の作者は，Ｄ・パウリシノ。

仮面をはがされた狡猾な蟻人間（1742年）

　ここに描かれているのは，バース伯爵パルトニである。反ウォルポール陣営の先頭に立ち，定期刊行物『ザ・クラフツマン』の共同体制を組んでいた。そしてウォルポールの権勢を覆すのに大きな役割を果たしたのである。しかし彼が官職を得るために躍起になりはじめると，彼の上にもごうごうの非難が浴びせられた。正義の顔を装っていた仮面がはがされ，パルトニの素顔がむき出しになった。

　風刺画家のメッセージは，次の通りだ。パルトニは行政の腐敗ぶりに立ち向かう良心的な批評家の仮面を用意したが，実は彼自身とて変わりはなかったのである。1746年に彼は数週間，大蔵第一卿のポストに就いたが，それ止まりであった。誰も彼を信頼しなかったからである。

第2章 ペラム兄弟

英国産豚肉改良の安価で容易な方法 (1744年)

　ここではジョージ2世が豚の飼主として描かれている。そして主だった政治家たちはみんなが官職の果物をがつがつ食べているのだが、それは豚の排泄物として描かれている。眼鏡がしるしのニューカースル公は、主として彼の弟、ヘンリー・ペラム——右側の一番大きな豚によって散らかされた汚物を掃くのに懸命だ。首相が動物として描き出されるのは、これが初めてである。

　ペラムはそれまでの身入りのよい軍の主計官職を左側の豚に譲り渡して、大蔵大臣になったところであった。このプリントは、ペラム兄弟によって王室、下院を巻き込んで起こされた特有の腐敗ぶりに対して、あけすけに荒っぽく攻めこんでいるのである。

要になると、大ウィリアム・ピット——のちのチャタム伯爵を任用した。そしてピットはやがて政府を支配するようになる。ペラムの統治期間中には、ごく短い中断が2度あった。1746年における数日間バース伯爵が大蔵第一卿につき、1756年から1757年まで、まずはデヴォンシャー公爵が、それからウォールドグレイヴ伯爵がその地位についた。デヴォンシャー公に対しては、ホラス・ウォルポールから「赤ん坊の政治家」の渾名がつけられた。ウォールドグレイヴ〔Waldegrave〕に関しては、彼を描いた風刺画は、残存していないようだ。——究極的に影の薄い存在であったのである。1757年にニューカースル公は復帰したが、事実上は、ピットの政府になっていた。

コール（Cole）荷揚げ人足（1756年）

　この絵ではニューカースル公が不正に収得した金を分配する年寄りの魚売り女として描かれている。その内のいくらかは，大法官，ハートウィックに渡ることになっている。正義を買い取ることができるからである。ヘンリー・フォックスには，それよりも多額のものが配られる。これはのちのホランド卿になる人物で，腐敗政府の中にあっても最も腐敗した政治家であった。同時代の人の中には彼が「何百万ポンドもの行方不明の公金を私物化した」という者もいた。

　フォックスがためこんだ莫大な個人資産は，彼の息子，チャールズ・ジェイムズに遺されたが，この息子は父親の財産を四方八方にばらまくことによって，父親を凌いではるかに有名になった。そこで本項の冒頭に掲げた"Cole"が俗語で「金」（money）を意味することを明かしておこう。と同時にこれは，"Sending coals to Newcastle"〔一般的には"Carry coals to Newcastle."〕というおなじみの成句と絡めた遊びでもある。

　七年戦争 2 年目の1757年に司令長官ジョン・ビグが，英国領になっていたミノルカ島の守備にへまをして，フランス軍に奪取されてからは，政府の評判は地に墜ちた。ニューカースル公はピットの意志とは真っ向から反対で，ビグは審判にかけられて処刑されるべきだと主張した。この不名誉な出来事は，ヴォルテールによって，「他の軍人たちの士気を鼓舞するために，司令長官を殺した」〔『カンディード』1759〕出来事であったと表現されて，有名になった。

第2章　ペラム兄弟

絞首刑台目前（1756年）

　この小型の風刺画は，18世紀中葉に何度もくり返し版を重ねた。左側の人物がニューカースル公。相変わらず几帳面な面持ちで読書用の眼鏡を手にしている。右側にいるのは，ニューカースル内閣の副首相――ヘンリー・フォックスである。1756年の対仏戦争を通じて現れた不用意な仕草のために，彼らの政治生命は，風前の灯同然の状態になっていた。彼らがボタン穴にユリの花を差しこんでいるのは，七年戦争の初めから彼らが任務を敵に売り渡していたことを表す〔ユリの花はフランス王家の紋章〕。2基の絞首刑台からは，英国船 "The British shipof"〔これは比喩的に英国そのものを表している〕が吊り下がっている。

　この風刺画の作家は，おそらくジョージ・タウンゼンド（1724-1807）だ。タウンゼンドは陸軍大佐で，近衛歩兵連隊長としても名を残している。のちに彼は侯爵に叙任されてアイルランドの総督になり，陸軍元帥にまで昇格した。ロンドンのクラブやコーヒー・ハウスでもカラフルな人物として際立っていた。ホラス・ウォルポールが言うには，「これらは小さな絵でありながら，すべて新しい手の反逆だ。ジョージ・タウンゼンドの描く人物像は，すべておどけて見える」。貴族であり，指導的な政治家でありながら，風刺画家でもあったのは，タウンゼンドただ1人だけであった。

名士登場（1756年）

　デヴォンシャー公が首相の座についたときに，国王の前にひざまずいて両手にキスをしているところ。彼はまるで無力で役に立たなかったので，6か月間大蔵第一卿でありながら，これ以外には一度も風刺画に描かれることはなかった。

35

第3章

チャタム伯爵の権勢

大蔵第一卿

1762年5月：ビュート伯爵

1763年4月：ジョージ・グレンヴィル

1765年7月：ロッキンガム侯爵

1766年8月-1770年2月：グラフトン公爵

初代チャタム伯爵，ウィリアム・ピットの政治的地位は次の通り。

1756年12月-1757年4月：所管大臣（Southern Department）

1757年6月-1761年10月：所管大臣（Southern Department）

1766年7月-1768年11月：王璽尚書（チャタム伯爵として）

　1754年にヘンリー・ペラムが死んだあと，英国はフランスとの戦争——七年戦争に巻きこまれた。その場面で政治家として特に際立っていたのは，のちにチャタム伯爵になるウィリアム・ピット（＝大ピット）であった。ピットは貿易の発展，伸張を図るためには，海外における帝国の獲得が不可欠だと信じていた。ロンドンのシティの商人たちは，総力をあげて彼を支持し，彼が死んだあとに彼らはギルドホール〔ロンドン市庁〕に立派な記念碑を建立して「初めて商業と結合し，戦によって活気づいた」という言葉をもって，彼の政策を称えた。あとにつづく国民全体からの人気からみても彼は事実上最初の総理大臣であったといってよい。

　ピットはもともとウォルポールの「統治」の後半期に若い反逆的なホイッグ党のグループの一員として，政界に入った。しかしピットの全生涯を振り返ってみて，彼にぴったり当てはまる政治家としてのラベルを探し出すのは困難である。そればかりか，彼を本当に首相と称してよいのかを判断することさえむずかしいのである。というのは，彼は実地に大蔵第一卿であったことなど，1度もなかったからである。それでも現実には彼自らが閣僚会議を招集したりして，後続の政府を支配していたのである。

　ニューカースル公が上院に加わったあと，ピットは下院にあって，なくては

37

ならない指導者の手腕を振るっていた。彼は国王ともニューカースル公とも折合いが悪かった。それでもニューカースル公との間の議論は無事に収まったが、王は、ピットが行政に関わって主要な役割を務めるのをなかなか容認しようとしなかった。ということで1757年6月には一種の両頭政権が出現した形になった。ニューカースル公は大蔵第一卿に、そしてピットは2人の所管大臣の1人になるという結果になったのである。ニューカースル公は行政面での政治問題

ブリタニアの栄光（1766年）

ここに掲げる風刺画はウィリアム・ピットが、チャタム伯爵として貴族階級入りをしたときの様子を表した、極めておめでたい肖像画である。彼は権威維持を象徴する職杖を持ち自由の帽子をかざしている。一方キャムデン——彼と親密な友人で大法官——は、欲求不満で倒れた嫉妬の体を踏み付けて立っている。学問・技芸の女神ミネルヴァが月桂樹の冠を差し出し名誉はこのめでたい出来事を祝う。半分裸の太ったへぼ文士——貴族の爵位を授かったこの偉大な下院議員に攻めてかかろうとする徒輩の1人が、絞首刑執行人に鞭打たれている。

第3章 チャタム伯爵の権勢

に力を集中し，ピットは戦争に勝利することに全力を注ぐことになった。

ピットにとって戦争の問題は，他の何よりも優先すべきことであった。したがってその目的のためには党派の如何にかかわらず，すべての人の結合を探った。「貿易が問題である場合には，それをしっかり防御するか，でなければ死滅するかだ」と，彼は言うのであった。その頃のたいていの風刺画には，ピットは英雄として描写されていた。1757年から1761年に至るまで，彼はニューカースル公の行政を完全に支配していた。国王が彼を更迭するつもりだという風評がたったとき，18の都市が彼に支援を申し出た。ジョンソン博士の見方によれば，「ピットは人民によって王に与えられた大臣であった」。ピットはインドやカナダに英国の支配権を樹立し，それによって大英帝国の基盤を築いた功労者であった。英国海軍の成功は1759年に作曲された『樫の魂』("Hearts of Oak")

1万ポンドの返却を迫る幽霊（1746年）

1746年，政府にとっての身中の虫ともいうべき存在であったウィリアム・ピットは，ヘンリー・ペラムの内閣でアイルランドの副会計官に任じられ，それからまもなく大蔵省の主計長官，そして枢密顧問官になった。かの有名なモールバラ公爵夫人，セアラが1744年に世を去る間際に，彼女は1万ポンド――今日の額にして100万ポンドを超える大金――をピットに贈り，ホイッグ党と，王の「ドイツ流」の政策に対して反対をつづけるように諭した。

彼女はもちろん自身の死後のための遺言のつもりであった。それで彼女の英雄が政府の側についていることを知ると，彼女の亡霊が現れ，金を返せと迫ったのである。それに対しては，天も味方して，大きな雷を鳴らし，稲妻を光らせて応援しているのである。

39

かく浮世の名誉は移り行く（1762年）

ここに掲げたのは，1760年代初期にピット攻撃を狙って描かれた数少ないプリントのひとつで，おそらくはビュートの支援者たちによって出版されたものの中にこれも含まれていたのであった。ピットは虚栄，傲慢，思い上がり，それに——意外なことに——彼の愛国主義のために攻撃されたのであって，18世紀にあっては珍しいことでありながら，彼の金銭的無節操のためではなかったのである。事実彼が宙に向かってひと際大きく膨らませている風船は「貧困」で，そこには二重の批判が含まれている。まずは，その風船が戦争遂行に莫大な費用がかかり，国民はそれに耐えねばならないということだ。しかし二番目には，ピット自身の生活環境の厳しさが強調され，そこへ注意を引きつけることによって，彼は群衆の心をつかんだのである。1761年に役職を離れると，彼は使用人たちを減らし，

馬車馬を売るための広告を出した。このような仕草を見た彼の敵方は，必要のないことだと思ったが，その人気はどえらいものであった。

の中に先触れとして謳われていた。

1760年，依然として激しい戦争が続く最中に，ジョージ2世は急死し，孫のジョージ3世が後を継いだ。新国王は，ロンドンの商人や群衆らとは比較にならないほど，ピットを見る眼が冷ややかであった。1761年10月にピットは，戦争賛成の政策を修正するのを好まず，事実上首相としての戦争指導者の地位を離れた。

ピットの辞任後当分の間は，ニューカースル公が大蔵第一卿の座に留まっていたが，それからまもなく新国王はビュート伯爵の方が大臣としてより好ましいと思うようになった。ビュート伯爵は，ジョージが王位に就くはるか以前に，彼の教育に携わり，大きな影響を及ぼしたことがあった。おそらく真実ではなかっただろうか。未亡人になっていた王の母親，つまり当時の皇太子妃が，ビュートの情婦であったという風評が広がった。そして往々にして並んだ2人が風刺画に描かれ，中には卑猥なものもあった。

ビュートは一般的にイギリスの政治家階級からの嫌われ者であった——彼が

第3章 チャタム伯爵の権勢

ジャック・ブーツ万歳（1762年）

　ビュートを表象する非常に多くの風刺画プリントが「ジャック・ビュート」という標題を掲げて現れた。ビュートの名前はジョン。ジョンは愛称としてジャックと呼ばれる。したがってビュートのフルネーム "John Bute" は "Jack Bute" にもなるのだが "Bute" を「ブート」と読むと、「ジャックブーツ」——すなわち膝の上までの長靴の意味になり、イメージが一変する。この版画は、ビュートがガーター勲位〔ナイトの最高勲位〕に叙せられたときの情景を風刺的に描出している。彼はおらが大臣の余徳にあずかろうと心待ちにしている痩せた空腹のスコットランド人たちに向かって、金貨をばら蒔いている。蔭にはイギリスのライオンがうずくまっており、フランスの大使がカーテンをうしろへ引いている。ビュートはボンネットに貴婦人から贈られた白いリボンの飾りをつけているが、それはジャコバイトへの同情を表している。すなわち彼はプロテスタントのパトロン、ジョージ3世を裏切る可能性を孕んでいるのである。

　左端の人物は、ウィリアム・ピットだと想定される。どうやら彼は「わしには先の成り行きが見えていたので、頃合を見て、身を引いたのだ」と言っているようだ。ピットは1761年10月——彼のプリントが現れる6か月前に、首相の職を辞していた。

「されどああ、彼が敵視する
　南の貧しき人びとに答は振り下ろされた
　彼らはすかさず自分たちの土地を
　飢えたるスコットランド人に譲り渡した」

　スコットランド人であったことも少なからずその原因になっていた。キルト服をまとい、スコッチ・ボンネットをかぶった彼の多くの風刺画が描かれていた。それらの1つには、彼が柱に体を擦りつけて、シラミをつぶしている光景が描かれていた。ビュートの閣議人生は、1年もつづかなかった。最初から人気が

国一番のにせ医者（1762年）

　この絵は，ジョージ3世の母親——皇太子未亡人との関係を噂されていたビュートに当てつけて描かれた最も辛辣な風刺画である。ビュートは，「ユニオン注射器」という文字のついた浣腸パイプを手にもった，丸出しのにせ医者として表象されている。タイトロープの上に寝そべっている夫人は，問題の皇太子未亡人で，その股の間にジャック・ブーツを被せた棒が差し込まれている。そして高々と掲げられている旗には，彼ら2人が抱き合っている姿が描き込まれている。そして「ここにて1日5回実演」と，さも誇らしく自慢げな文字が添えられている。にせ医者が持参したびんの間には「タイムズ」のラベルのついた1本のびんが見えるが，これは暗にホガースのプリントを表している。このプリントには，ビュートが好意的に描かれていたことを暗示しているのである[1]。左下の角のところでは，1人のスコットランド人と1人のフランス人が，「昔ながらの同盟関係」を再確認し合っている。

第 3 章　チャタム伯爵の権勢

消費税 – 辞職（1763年）

　ビュートの転落は2組構成のプリントによって派手やかに描き表された。彼の大蔵大臣がサイダー（リンゴ酒）に税金を導入することになったことが知れ渡るとウォルポールの時と同様に大騒ぎとなり，彼は雪崩に襲われたような境地に陥った。完全に人気を失ったビュートは，遂には肉体的にも襲撃を浴びるようになり，イングランド西部の林檎の産地では度たび暴動が発生するところまで発展した。つくりもしなければ飲みもしないということで，二重にねじれが昂じたのである。
　ひと月も経たないうちにビュートは辞任を余儀なくされて，図に見るような風刺画が生み出されるようになった。
　ビュートは林檎の木に吊され，その一方では夜会服姿（デコルテ）の皇太子未亡人が泣いている。悪魔がビュートの陰部を摑んで右の方へ引きずり出すと，彼はいと哀れな声で訴える。「おお，男として，そこだけはお見逃しを」。

国を挙げての子守り（1765年）

　ロッキンガムの1年行政に対する反感。首相ロッキンガム侯爵が，揺り木馬に乗った幼い少年として描かれている。首相が競馬マニアであったことを表す。

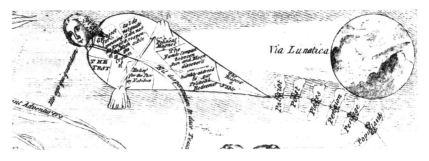

月に政治の光を（1766年）

　空に上がった凧として描き表されたチャタム（大ピット）が「月帝国を英国王の領地としてつなぎ合わせる計画」を練っている。これと別にもう1つ，チャタムの大きな帝国主義的野望の表れとして問題にすべき点がある。しかしこれは同時に，チャタムの精神的不安定な病への言及ということにもなる。これはプリントでも容易に見られない，稀有の事柄なのだ。

　チャタムは，精神病間際の深い鬱病ムードで苦しんでいた。ジョージ３世も経験したように，その当時における精神病の治療法は，残酷であった。チャタムが時おりこの持病に襲われて身動きがとれない場合には，1人で暗い部屋にこもっていなければならず，食事はくぐり戸から妻に入れてもらっていた。彼の主治医は，のちに首相になるヘンリー・アディントン（1757-1844）を生むことになる。

よくなかった上に，リンゴ酒に税金をかけようとしてからは，ビュートの人気は特に悪くなった。彼は当時のメディアを後ろ楯にして戦いを勝ち抜こうとする傾向があった。そしてそれが結局は彼の政治的地位喪失の要因になったのである。

　ビュートに敵意をもつ風刺画は彼が首相の座を去ったあとも長いあいだつづいた。何か事情が悪化すると，批評家たちはそれを，国王に対するビュートの影響のせいにして非難を浴びせるのであった。彼が首相の座を降りた後になっても，王は彼との相談の習慣を保ちつづけた。今日であれば君主の相談相手が，王または女王のお気に入りの他の個人ではなくて，専ら現職の大臣に限られるというのは，至極当然である。しかし18世紀にあっては，このようなことが憲法上の慣行として定まっていなかったのである。

　ビュートが退いたあと，ホイッグ党の大物たちによる政権が復旧した。大蔵第一卿として彼のすぐ後を継いだジョージ・グレンヴィルは，いっそう先行きが不安であった。彼が行政の座についたのは，偶然にもちょうど七年戦争が終わるのと同時であった。批評家たちは，最後の勝利を得るまで徹底的に戦わな

第3章　チャタム伯爵の権勢

印紙条例撤回，またはミス・アメスタンプの葬儀（1766年）

　ジョージ・グレンヴィルは，1763年から1765年まで，大蔵大臣であると同時に大蔵第一卿でもあった。あるとき予算編成の演説の中で彼は，新税を増額せねばならなくなったことを述べ，どこでそれを上げるべきかを，陰鬱な声で下院全体に問い──もう1度同じ質問をくり返した。ピットは古い歌の文句を用いて彼をからかうように言った。「やさしき羊飼いよ，どこがよいかを教えておくれ」。そのニックネームが彼の心に突きささった。
　グレンヴィルもアメリカの植民地の居住者たちの取引に税金──1765年の印紙条例──を導入して，一言のもとに納税を拒否された

ことがあった。その納税拒否のために，イングランドの商取引が廃れ，倉庫が空っぽになっている様子がこのプリントには描かれている。ロンドン・シティとチャタム〔イングランド・ケント州の都市〕とが共に，その条例が出されてから今なら1年未満であるから是非ともそれを撤回するように，と主張した。
　この条例撤回のプリントは非常に評判がよく，「その流布をくい止めるために多大の努力がなされた」にもかかわらず，出版社は断固として発行の予告を引っ込めようとしなかった。出版社はまた，その要望が非常に大きかった事実の証拠を示し，全注文部数を「供給するには，職人1人の力ではとうてい及ばない」と言っていた。

かったことに対して，一斉に非難を浴びせかけた。ホラス・ウォルポールは中でも辛辣であった。「顔つきはあれほど空ろでありながら，中味は冷酷で，根性の腐った人間なんて，ほかに見たことがない」。
　グレンヴィルにとっての最大の問題は，アメリカ植民地──将来における合衆国の中核部分のことであった。植民地開拓者たちの土地所有欲を満足させるために原住民相手の戦争に巻きこまれる意志は毛頭なかった。それで彼は新大

45

包帯にくるまれたチャタム（1766年）

　これは同僚の議員ミスター・プライス・キャンベルによって制作されたチャタムの簡略なエッチングである。彼がいかに情けない状況になり果てたかを表している——痛風の痛みで食事が喉を通らない。全身が包帯にくるまれ，腕はつり包帯。下院では，松葉杖にすがって立っているのであった。

　1750年から1775年までの間——政界ではピットの全盛時代——には，名風刺画家はいなかった。それでプリントは一般的な表象が主となり，人びとが群がっていることが多かった。チャタムの場合は，彼のやや平たくて長い顔と，痛風足とで見分けがつく。

四つの顔をもつヤヌス（1768-69年）

　グラフトン公爵がここでは前と後ろの両方に顔をもつヤヌス[2]として描かれている。しかし彼にはもう2つの顔がついていて，上の方を見上げている。先にも述べたおなじみの象徴的しるしに注目しよう。黒色の首巻きと，妻を寝取られた夫の角である。このプリントは，『政治記録』（The Political Register）という定期刊行物に掲載された。

　グラフトンは性格や行動が把握し難いので有名である。ここでも彼が何を表象し，何をしているのか，誰にも見当がつかない。ただここに見るヤヌスのシンボルが，2世紀以上にわたって彼の後につづいた歴代の首相たちの何人かにとっては，役に立つことがあったのかもしれない。

第 3 章　チャタム伯爵の権勢

政治的結婚（1769年）

　1769年，グラフトン公爵は，不義を理由に最初の妻と離婚した。そして彼は，Soho〔ロンドンのウェストミンスターの一地域。歓楽街として有名〕の香水販売店の上階に住んでいた女，ナンシー・パーソンズをおおっぴらに情婦にしていた。この風刺画では，彼女の泣いている姿が描かれているが，その悲しみは，300ポンドの年金給付――その当時にあっては大金だ――で収まった。中央には，グラフトンが，身分の尊厳を保つために，ベッド公爵夫人の姪であるエリザベス・ロッテスリー嬢と結婚式をあげているところが写し出されている。いわゆる「ユニウス・レター」の筆者[3]は，グラフトン公に向かって硫酸を注ぐような辛辣な言葉を浴びせている。

　この風刺画が刊行されてから4日後に彼は書いている。「結婚は放蕩者が遂に鎮まる究極の点ですな，閣下，今まで随分お回りになったので，さぞお疲れでしょう。貴殿は政治的黄道帯十二宮を残らず訪ねて廻られました。まずは蠍座でチャタム卿にひと刺しを与えたのを手はじめに，ブルームズベリー家の令嬢の望みに応じてあげるところまでね」。

　グラフトンは，他の総理大臣の誰1人としてしたことのないことを経験した。妻の不倫によって裏切られた彼は妻と離婚。そして公然と情婦をもつが，やがてこの女を捨てて，若い女と結婚した。

　このプリントは，約5年間時事問題に関する評論誌として刊行されていた『オックスフォード・マガジン』に掲載されたものである。

陸西部における土地拡張の限界を，ミシシッピまでにする手筈を整えていた。ところがグレンヴィルは，彼の政府が1765年に導入した1つの条例——収入印紙付の物品に関しては北アメリカに居住するイギリス移民から税金を徴収するという条例のために，より一層の非難に曝される羽目になった。そして「印紙屋(ザ・スタンパー)」の渾名がつけられた。激しい罵倒を浴びせられた末に，政府は「代議権のない納税義務」といわれた制度を引っ込めざるを得なかった。このエピソードは，10年後に起こったアメリカ独立戦争に連なる一連の出来事の最初のものであったのである。

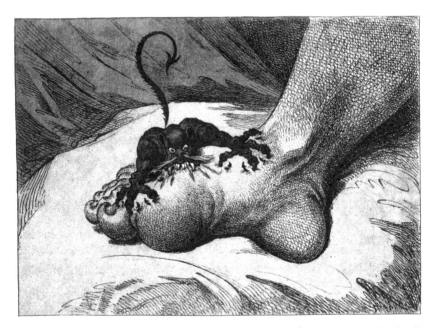

痛風（1799年）

　ジェイムズ・ギルレイ（1756-1815）の名作として知られる。痛風は18世紀における代表的な難病の1つであった。ポートワインの飲みすぎがこの病の誘発源だとされていたが，ポルトガルとイングランドの間でオポルト条約（1704）が締結され，友好関係が固められた結果として，それが非常に安い値段で入手できるようになっていた。

　治療の方法は全くなかった。ただ，油，軟膏を塗り，包帯を巻いて一時を凌ぐだけであった。足をのせる優雅な台なども作られた。痛風によって痛めつけられるのは胴体から離れた部分だけで，生命に関わる臓器や器官がやられることはなかった。多くの政治家がこの病で痛めつけられたが，なかでもチャタムの場合はひどかった。そして19世紀の政治家のなかにも，例えばベンジャミン・ディズレイリのように，痛風に悩まされた大物がいた。

第3章　チャタム伯爵の権勢

　1765年におけるグレンヴィルの失脚の原因は，この印紙条例の件より国王との仲違いのほうが大きかった。その60年代の後半には，やや影の薄かったロッキンガム侯爵とグラフトン公爵が相次いで大蔵第一卿のポストについた。風刺画によると，グラフトンは角と黒い首巻きをした姿で描かれている。角は彼の不幸な結婚生活を象徴する。彼は奥方と離婚した――総理大臣で離婚したのは，この1件だけだったが――彼は公然と高級娼婦のナンシー・パースンズを囲い者にしていた。

　1766年にピット（チャタム伯爵）は，権力の座に復帰し，支配的な影響力を発揮していた。彼は国璽尚書〔国璽を保管する大臣〕の地位を得ていたのである。しかし彼は健康の面で弱っていて，回復は望み薄であった。誰が来てもこの政府の要人とは職務上の遣り取りがほとんど叶わない，異常な状態が2年間もつづいたあと，チャタムは，遂に職を辞したのであった。

訳注
(1)　ウィリアム・ホガースは『ザ・タイムズ』という題のプリントを3点残しているが，特にその2は，このコンテクストと関係が深い。『ザ・タイムズ』のプレート2にはガーデニングの情景が描かれている。「1763年のある風刺文がこれを次のように評した」。"… this was the *Scotch Paradise*: A View of the *Bute-full Garden of Eden-borough*." ちょっとした言葉遊びで見事なスコットランド讃美になっているのである（下図参照）。

『ザ・タイムズ』その2（ウィリアム・ホガース）

(2)　ヤヌス（Janus）。神話の双面神。前後に顔があり左手に鍵，右手に笏をもった神で，日の出，日没をはじめあらゆることの始めと終わりを司る。1月（January）はこの神の名に因む。

(3)　「ユリウス・レター〔ズ〕」（Junius Letters）といえば1769年から72年にかけて，英国王ジョージ3世の閣僚を非難した一連の手紙で知られるが中でもグラフトン公は，最適の標的であった。ユリウスの実名は定かでなかったが *Dictionary of National Biography* は，サー・フィリップ・フランシス（1740-1818）だったと指摘している。

第4章

ノース卿とそのあと

大蔵第一卿
1770年2月：ノース卿（のちに第二代ギルフォード伯爵）
1782年3月：ロッキンガム侯爵（第二次政権）
1782年7月：第二代シェルバーン伯爵（のちに初代ランズダウン侯爵）
1783年4月-1783年12月：第三代ポートランド公爵

　1770年に国王ジョージ3世は，遂に長期にわたって共に国政に携わることのできる政府の長にめぐり会った。グラフトン内閣で大蔵大臣を務めたノース卿である。一代前のビュートや，一代あとの小ピットと同じく，ノースも時によると「トーリー」派と見なされたが，3人ともその名は現実的な面において，「ジョージ3世にとって最も意に叶った大臣」を意味していた。

　ノース卿は，多くの面で好ましい特質をもっていた。彼のほとんどの前任者と異なって，ノース卿はユーモアのセンスに恵まれ，気楽な性格の持ち主であった。ホラス・ウォルポールは彼について言った。「彼の行政のもとで国は滅びたにしても，彼は持ち前の明るい気質を保持しつづけた」。彼は議会のすべてに通じた議員であり，かつ道義心に富んだ人物であった。彼が最初の総理大臣であったことは，風刺画の中に如実に表されている——背丈が低くて肉付きがよく，長く傾斜した額に豊かな二重の下あごをしている。1700年代からの初期の風刺画は，全般的に好意的であり，そして——ウォルポールと同じように——彼は議会の手品師として描かれている。

　しかし後の画になると，鋭く批判的なものになり，アメリカの植民地が失われたことに関して，屈辱を担ったままの優柔不断な男として表されている。何度かにわたって彼は，ジョージ3世に向かって，責任から解放させてくれるよう願い出たが，王は彼個人としての忠誠を信頼して，その地位に留まるように説得した。

　英国がアメリカの植民地を失ったときに，ノースが首相の地位についたのは，

51

ノース卿の巨人像（1774年）

　ノースは1774年に選挙を行い，多数を確保した。このプリントには，ウォルポールの場合と似たような様相が反映されている。
　2人の宰相ともにピグミーの群の中の巨人として表されているのである。ノースは腐敗の川をまたいで立っている。その川はウェストミンスター・ホール〔当時の国会議事堂〕から流れ出ているのだが，流れに乗っているのは，ノースによって再選が保証された連中である。ノースが手に持っている紙には，土地，年金，宝くじ札の文字が書きしるされている。宝くじ札は，贈物として使われることがよくあった。あるときのこと，ジョージ2世が情婦の1人への贈物として，ウォルポールに頼んで宝くじを一束買ってもらったことがあった。

　彼にとってはいかにも不運なことであった。彼がその地位につく数十年も前から植民たちは，彼ら自身の力や重要性に関して，次第に意識を深めていた。そして諸種の課税の中でも特に印紙条例に対しては，憤懣を抱いていたのである。彼らはチャタムやエドマンド・バークのような政界の重鎮たちから共感を勝ちとり，彼らの雄弁による支援を得た。チャタムは，次のような言葉によって，

第4章　ノース卿とそのあと

名医，またはアメリカが苦い一服を呑み込む（1774年）

1773年に発生したボストンのティー・パーティ[1]に対する罰として，ノースはボストン港の閉鎖法案を導入し，植民地の不逞の輩に絶対服従を命じた。ビュートが「軍法」の銘のついた刀を振りまわすのを見て，ブリタニアが目頭を押さえている。主席裁判官のマンスフィールドがアメリカを押さえつけ，ノースはお茶を彼女の喉へ流しこむが，彼女はそれを彼に向かって吐き出す。

この風刺画が公刊されてから1年が経たないうちに，北アメリカで戦争がはじまった。ノースは，アメリカとのあらゆる貿易を禁じ，船舶の拿捕を認可する法案をもって，これに応えた。

それから数年間に現れたプリントは，アメリカにおけるノースとビュートの政策の批判に向けられたものが圧倒的であった。

相互の和解を勧めた。「植民地は手で握りとるのには物が大きすぎる。愛情の腕の中に抱くのでなければならない」。

アメリカ独立につながる出来事の連鎖を生み出した劇的な事件は，1773年におけるボストン茶会事件であった。北アメリカで消費された茶はインドから輸入されるもので，英国所有の東インド会社によって運航される船舶で運送されていた。その貿易は英国を通じて長年にわたって行われていて，茶にはとかく重税が課せられがちであった。このことが北アメリカにおける憤懣のたねとなり，抜け道を探して，密貿易がさかんに行われるようになった。

そこで英国政府は，インドからアメリカへ直接に茶を輸送できるように認可し，合わせて，税金を大幅に切り下げた。このやり方を適用すれば，北アメリカにおける茶の消費量の増大化が予測されるが，それには茶の密輸業者の不利が伴う。事実ノースの決定は，密輸業者と，課税の決定は，自分たちがやるべ

枢密院（1780年）

ノースは12年間（1770-82）首相の座についていた。そして年とともに風刺画家たちは，辛辣の度を増すようになった。この絵は，彼が野外便所で枢密院会議の議長を務めたところを表している[2]。

ノースは国内の諸州から寄せられた腐敗政治をなくし，政府の改革を図れといった要望書をトイレット・ペーパーとして使っている。そこに書かれた非難の最たるもののひとつは，ノースがブッシー・パーク[3]にある彼の個人邸の改築のために国費を使っていたということである。

石けんの泡の中のノース卿（1782年）

ここには墜落の危機に迫ったノースが描かれている。彼は塩やタバコの増税を決めたあと，1766年には，初めて石けんにも同じように税額を増やした。すべての人が塩を使い，ほとんどの人が石けんを使っていたのだから，これらの増税がノースの不人気につながるのは，当然であった。彼は魚売りの女や，洗濯女，女労働者から詰め寄られているのだが，中にはタバコを吹かしている婦人も1人いる。チャールズ・ジェイムズ・フォックスは，愚弄するかのようなうなり声をもらしている。しかし1年も経たないうちに彼はノースといっしょになって，英国の歴史上例を見ないような奇妙な連立内閣を組むことになった（風刺画家は，T・コリー）。

第4章 ノース卿とそのあと

やかんがポリッジなべを追い払う
（1782年）

　ロッキンガムの死後すぐにシェルバーンが大蔵第一卿に任命された。フォックスはシェルバンに堪えられず職を辞した。そしてブルックス・クラブのギャンブル仲間を目ざして逃げ出すところが，ここに描かれている。シェルバーンは，風刺画家たちに嫌われていた。彼は英国一番の賢者だという風評もあったが，「あの陰謀家」とか，ときには悪名高いポルトガルの長老に因んで，「マラグリダ」などと呼ばれた。ここでギルレイは，18世紀の風刺画の中で最も卑猥な作品のひとつを生み出したのである。

きだと信じていたアメリカの愛国者たちの両方を怒らせる結果になったのである。

　アメリカン・インディアンに扮した植民地居住者の一群が，輸入の茶をボストン港に投げ捨てた。その報復として英国はボストン港を閉鎖し，マサチューセッツの植民に関する認可を一時停止した。北アメリカにおける他の港や植民地たちが進んで諸種の貿易を受け入れ，確執が生じても英国政府の側についてくれることを望んでいたのである。しかし事は，そのように進展しなかった。風刺画家たちは，この経緯をとらえて，ノースが無理矢理にアメリカ人の口の中へ茶を流しこもうとしているところを描いたのである。ということで彼は，滑稽な人物と化したのである。

　1774年に，中南米諸国の国会が召集され，さまざまな植民地からの代表者た

ちが一堂に会した。1775年4月,レキシントン〔マサチューセッツ州東部〕において,植民地軍と英国軍とが初めて砲火を交えることになった。そして1776年7月に,公式のアメリカ独立宣言がなされた。

つづく長期の戦争で英国軍は敗北を喫し,不名誉にも降服を余儀なくされた。1781年におけるヨークタウンの敗北のあと,ノースはもはや立ち直れなくなり,1782年早々には辞職することになった。

大蔵第一卿としてノースのあとを継いだのがロッキンガム侯爵である。彼は15年以上もの空白期間のあとに返り咲いたのであったが,数か月後には世を去った。彼を描いた風刺家は多くない。彼のあとを継いだシェルバーン伯爵も,国会においての実質的に頼れる人物ではなかった。

風刺画のシェルバーンは,ひと目見ればすぐに見分けがつく――黒ずんだ顔

カーロー・カーン[4] 堂々のレドンホール入り(1783年)

ここにあげたのは,例の連立内閣の風刺画の中で最も有名な作品である。フォックスは東インド会社の利益供与の支配権をすっかり政府に移転させる手段を取り入れた。彼は明らかに連立内閣の中での指導格であった。この風刺画でフォックスは象に似たノースの背中に跨っているのだが,ノースの方は,この2人の奇妙なカップルにとっては偉大な評論家であるエドマンド・バークに曳かれているのである。シティのレドンホール・ストリートを通ってチャールズ・ストリート西端のインド省に向かうところだ。バークの横の旗からは「国民のための人物」(Man of the People)が消しとばされて,代わりに「王の中の王」(King of Kings)と文字が入っている。

フォックスは国会におけるいかなる演説よりもこの風刺画から蒙るダメージの方が大きいと思い込んでいた。この風刺画の原作者は,弁護士として修業を積んだジェイムズ・セイヤーズであった。1780年にロンドンへ来てから彼は絵を描きはじめ,約15年間その道を歩みつづけた。彼の風刺画はやや平板で版画としても暗い感じがする。しかし1780年代における彼の作品は,ギルレイの作品に並ぶぐらいに広く知れ渡っていた。彼はまっ向からフォックスに激しく立ち向かっていた。のちにピットは彼に年金付きの閑職を与えた。

連立内閣の分析（1783年）

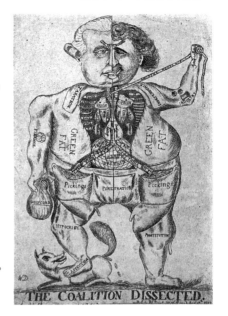

　フォックス＝ノース連立内閣は，18世紀における風刺画題材の最たるものの1つであった。風刺画家たちの得意とする狙いどころは，トーリー党ノースとホイッグ党のフォックスとの相反する点であった。ここに見る複合肖像には "Truth" の文字がそれぞれの舌の上で逆になっている。両人ともに東インド会社法案から相当の余徳をせしめており，またフォックスの多くの弱点がそれによって強調されているのである。彼の性的行状に関しては特に多くの滑稽談があげられている。この風刺画における彼の左脚には "Prostitulion"（売春）の文字が書かれており，パンツの前面には "Penetration"（挿入）と明記されている。

　手にしたダイス・ボックスと腕に乗せたダイスは，フォックスのギャンブル狂ぶりを表すが，その腕のダイスの下には "Industry"（勤勉）という文字が貼りつけてある。この風刺画の作家はウィリアム・デントで，1783年から1793年にかけて活躍した。彼の風刺画には無邪気な面があるが，簡明直截で，猥褻でもある。それら活力に富んだ粗雑さが大いに人気を呼んだのかもしれない。

色に，滑稽で従順そうで，ひねくれた笑いを浮かべている。アメリカとの和平交渉をまとめるのに行き詰まったとき，ノースとチャールズ・ジェイムズ・フォックスが対極の政治的立場から手を結び，1783年にシェルバーンを引きずり落とした。まさに道義に反した結合で，これを風刺画家たちは喜んだ。しかしフォックス＝ノースの連立は，僅か1年しかもたなかった。とはいえ，これは18世紀を通して最も風刺画に適した出来事の1つであった。ノースが老婦人として描き出されたのに対して，フォックスは，酔っ払った道楽者として表現されていた。寝室用便器がノースの頭の上から空けられたかと思うと一方では，官邸の勤め人どもがこの上なくきれいに盛ったご馳走を差し出している絵が描かれていた。この2人組の桁外れの共同態勢には，ポートランド公爵の威を借りることによって，薄っぺらい尊厳のベニヤ板が張られていた。ポートランド公はここで連立内閣の首班となったのだが，常に彼の肖像は，灰色の影のような人物として描かれるのであった。

怪物（1783年）

　この風刺画は，新しい連立内閣が誕生した当日にあらわれた。この怪物の頭部はポートランド公——連立内閣の名目上の首相で，臀部の2人は，ノースとフォックスである。下の部分には，次のような詩が添えられている。

頭はポートランド，フォックス〔狐〕の尻尾をつけて，口毎にわが身のために大声でわめきたてるが，ひとつのことでは全員同意。金をごっそりつまみ食い。

　この風刺画は，J・ボインの作品と伝えられる。もとは俳優であったが絵画に転じ，社会風刺の作品も残した。

第4章　ノース卿とそのあと

政党の混ぜ合わせ（1783年）

　ノースとフォックスが排便している寝室用便器を，悪魔が掻き回している。18世紀後半のプリントの中には，肉体の機能——唾をはく，屁をひる，排便，排尿など——に関するものが多かった。宮廷や政治家たちをめぐる文明が，実はベニヤ板のように薄っぺらいものだということによってすべての人に衝撃を与え，眼を醒まさせるために考え出されたものである。この場合の風刺画家たちは，性的卑猥よりも，スカトロジーを重んじていたのである。

1783年になる前に国会は，それまで国王の意に叶っていた閣僚の体制を崩壊させていたが，実は国王が内閣を受け入れざるを得なくなったのは，これが初めてであった。この連立内閣を否応なく押し付けられたために，王は心底からこれが疎ましくなったのである。

　この連立内閣は，以前にアメリカ植民たちと平和条約を結んでいた。しかしこれから問題が進展して，東インド会社の改変の提案へとつながってゆくのである。

　風刺画家たちは，この提案の狙いが疑いもなく，東インド会社の莫大な利益供与を，フォックスと彼の連立内閣の懐へ移るようにすることだということを，感知していた。特に有名だった1つの風刺画にはフォックスがのっそりとして重量感のある象のようなノースを見守っているところが鮮明に描写されている。

　前述東インド会社に関する政府の提案は，下院を通過した。国王は個人的にチャールズ・ジェイムズ・フォックスを嫌っていた。皇子——皇太子を連れ回して道を迷わせていると王は，信じていたのである。そこで王は，上院の貴族の中で問題の提案に賛同する者がいれば，その人物を個人的な敵と見なすということを周知させた。その触れに接した貴族たちは，早速その法案を打ち捨てた。そして王は，ポートランド内閣を解散したのである。

　訳注
⑴　ボストン茶会事件（1773）。アメリカ植民地における茶の輸入に対して英国が定めた高い茶税条例に反発したボストンの住民が，12月16日にインディアンの仮装をして，入港していた3隻の茶船を襲い積んでいた茶を海中に投げ捨てた事件。アメリカ独立戦争の発端になった。この事件がきっかけとなって，アメリカではお茶が敬遠されるようになったという説もある。
⑵　この部分の原文は，次の通り。"Here he presides over a Privy Council meeting at a boghouse"（p. 51）。"privy council" というのは，訳の通り「枢密院」（国務に関する国王の顧問官の集合体）だが，面白いことに "privy" だけになると，「野外便所」の意味がある。その意味での "privy" がその後につづく "boghouse"（俗語で「野外便所」）を誘い出したのである。
⑶　ロンドン南西にある歴史的に有名なハンプトン・コート・パレスの北側にある王室所有の公園。マロニエの並木で有名な道路の北端近くにあるブッシー・ハウスは，ジョージ3世の時代に建てられたもので，ノースが首相時代にそこに住んでいたことがある。

(4) 原画ではCARLO KHANという名前の表記になっている。CarloはCharles。すなわちチャールズ・ジェイムズ・フォックスで，Khanは中央アジア地方の王族，大臣等の尊称「汗」。

第5章

ピットの時代

大蔵第一卿

1783年12月：小ウィリアム・ピット

1801年2月：ヘンリー・アディントン（のちに初代シドマス子爵）

1804年5月–1806年1月：小ウィリアム・ピット

　ノース゠フォックスの連立内閣を解散させることにより，国王はなるほど劇的な行動をとったといえるのだが，それが可能だったのは，全面的に信頼できる，意中の人物が遂に見つかっていたからである。小ウィリアム・ピット，すなわちチャタム伯爵の第二子である。

　新たに登場した大蔵第一卿は，まさに驚嘆すべき政治的逸物であった。1783年には彼はまだ24歳になったばかりでありながら，シェルバン内閣ですでに大蔵大臣を務めていた。彼は生まれながらにして政治家の血統を受け継いでいた。母親はジョージ・グレンヴィルの妹であったのである。ピットは見る見るうちに抜群の地位を保つようになり，彼が真の総理大臣であったことは，疑う余地がなかった。そして彼の後継者のほとんどが，政府と国の有能な指導者となったのである。

　ピット内閣は，ちょうどイギリスにおける風刺画の黄金時代と重なっていた。風刺画といえばまずはギルレイ（1756-1815）だが，彼は1780年代初めにその道を歩みはじめて，それから30年あとでも，まだ風刺画家としての腕をふるっていた。そして同時代の風刺画仲間として彼は，ロウランドソン，セイヤーズ，ニュートン，デントらの名をあげている。彼らははがねのナイフで銅のプレートに絵を刻みこみ，これらの見事な切りこみにインクを注いでプリントの線を創り出すのである。

　風刺画家たちは，猛烈な速さで仕事を仕上げねばならなかった。その日の政治的出来事に関するコメントとして，それら作品のプリントが必要だったからである。風刺画の売れ具合は，仕上げの速さと，描写の適合性にかかっていた

のである。

　出来上がった作品は，プリント・ショップの窓に並べて，通行人に売り出されることになる。値段は，無彩色のプリントが1枚約6ペンス，彩色のものは1シリングであった。

　政治は今や政治的エリートたちだけのものではなくなった。中産階級はもちろんのこと，文字を書けない人たちでさえ，絵画による表象を見ることによって，指導的政治家たちの愚行を知ることができるようになった。ロンドンの中心部にあるいくつかのプリント商店は，最近における政治の動きを把握するために競い合っていた。ギルレイは，ボンド・ストリートにそのための店を構えていた，ハンナ・ハムフリーの専属的な画家であった。それ程密接になったギルレイは，実際にその店に下宿人として住み込み，階上の彼の部屋で死を迎えるまでになったのである。

　ピットは内閣総理大臣になってから最初の数か月間は，国会で何度か敗北を喫した。しかしこれらの敗北は，辞職に関わるものだとは考えられなかった。1784年3月，僅か1票の差で敗れたと見るや彼は，思い切って選挙に打って出るだけの度胸を見せようと決心した。それからおよそ200年後のジェイムズ・キャラハンと同様に，彼は1票差での敗北を潮時とばかりに総選挙に乗り出すことにした。しかし結果はまるで違ったものになった。1784年の総選挙によって，初めて聡明な政府の指導者ピットが現れ，そしてやはり聡明な野党の指導者たるチャールズ・ジェイムズ・フォックスが出現した。そして爾後20年間にわたって，英国の政治問題は，この両者間の対決によって支配されるようになったのである。

　最初の数年間には，ピットが若い英雄として描かれていたが，長くは続かな

怪物ヒドラ，あるいは難攻不落の美徳（1789年）

　摂政の危機[1]が生じた頃にピットを持ち上げて描かれた画像である。皇太子が摂政になればピットの反対派は権力を奪回できると考えていた。伏魔殿のヒドラ[2]は，皇太子の羽飾りで頭を飾っているが，いろいろな頭の全員がピットの反対派である——目隠しをしているのはノースだ。人民の味方なる太陽は，雲を貫いてノースの「借財と欠乏」を照らしつけている，2つともアメリカとの戦争から生じたものである。そしてウィリアム・ピットの美徳の頭には，太陽が明るい光を輝かせている。

第5章 ピットの時代

政治的コンテスト（1787年）

　フォックスとピットは，風刺画の歴史の中で，超大物級の二重の役柄を演じる点で好一対をなしている。ここではひとつの変化現象として，フォックスが勝ち組になっている。彼は，1785年に導入されて，賃貸店舗に課していた店舗税に反対していた。この制度はロンドンで最も嫌がられ，1787年には，ピットもこれを緩和せざるを得なくなった。そして2年後には税金そのものが撤廃されることになった。この風刺画にはみんなが掴み合いの喧嘩をしている絵が描かれている。——シェリダン[3]は大法官を押さえつけてその背中に座り，エドマンド・バークはウォレン・ヘイスティングズの襟を掴みノース卿はジョン・ウィルクスの喉を締めつけているのである。

かった。1789年にジョージ3世が一時的に狂気の状態に陥り，摂政の必要性が表面化したときには，彼の在職権の持続が脅かされた。皇太子の不良仲間であったフォックスはよいチャンスに巡り会った思いがしたのである。国王が正気を取り戻して，ピットは無事だったが，この摂政危機の間に，首相が英国憲法の敵であることを，風刺画に描かれてしまった。

　18世紀の多くの政治家たちと違って，ピットは個人として堕落していなかった。彼が持っていたただ1つの閑職としてあげられるのは，「サンク・ポルト[4]」の監督だけであった。彼は死ぬときに多額の借金を残していた。それを国会が進んで全額返済したのであった。しかし彼が取り仕切っていた制度は，腐敗していた。ある風刺画によると彼は，牛馬の糞の山に大きくのびた一本のキコリダケ〔毒性のキノコ〕として描き表されていた。

　ピットは，どんな場合にも非常に細い体躯で——底なしのピット，かがり針

などとして描き表されていた。画家たちは，彼について2つのことを知っていた——彼は大酒飲みであること，そして女には興味がなさそうだということである。実際に機知に富む人たちが言うには，ピットは女性相手の場合を除いて，誰が相手でも堅固な質だった。彼は赤みをおびた，まだらの顔で描かれている。ギルレイは，外見でわかるくらいに酔った彼の顔を描写している。

　ピットは元来ロマンチックな事とは相性のよくない男である。イングランド銀行，すなわち「スレッドニードル街の老嬢[5]」へ向かうピットを描いた風刺画は有名だが，同時に滑稽でもある。レディを訪ねてみたところで，ピットにはなに1つ得るものがないということは，誰でも知っていることなのだから。にもかかわらずギルレイは，ピットを大いに勇気づける風刺画を生み出した。下院で力を発揮し，世間にも十分に訴え得る用務員に彼を仕立てたのである。そして彼は，下院議長の座席の紋章をピットの股座へはめ込むように工夫した。

　この当時，若くて有能なピットの支援者であり，のちに首相の座に就くジョージ・キャニングが，『反ジャコバン』という雑誌の編集をしていた。その名の通りこの雑誌は，フランスに吹き荒れ，英国にも波及しかけていた急進的革命熱を攻め封じるために創刊されたのであった。1797年にはキャニングもまたギルレイに接近して金を渡し，ピットをもっと持ち上げるような絵を描いてく

巨人用務員，自らを楽しむ（1792年）

　ピットの最も有名な画像のひとつに，彼が両脚を広げて国会にまたがって，一方の脚で野党を押しつぶし，もう一方の脚は親しい仲間によって支えられているところを描いたものがある。彼は世界を相手にこの光景を面白く見せるあいだに，ポケットからは金が降りそそがれる。ギルレイ制作のこのエッチングは，国民の英雄としての首相が，彼の父親の後につづいて出現したことを標している。この画像は，ジョージ・キャニングによって，急進主義の政治集団に対立する政治雑誌『反ジャコバン』の口絵として利用された。

異常生成植物──牛馬糞の山から毒キノコ（1791年）

ギルレイは政府から年金を受けるようになる前にこの風刺画を制作していた。ピットが一見不本意を装いながらも利用せざるを得なかった国王からの愛顧の弊害を表している。

政治的イナゴ（1795年）

1795年には多くの不安なことが相次いだ。食品費が高騰し，ヘアパウダーには新税が課せられ，保険が導入されるなど，すべてがフランスとの戦争の費用を賄うための方策であった。ダウニング街のピットの家が群衆にとり囲まれた。合憲の自由を拘束し，筋の通った国会の改革に抵抗するために，ピットが弟を王爾尚書（大法官）の地位に就かせたために，彼は民衆の怒りをかったのであった。この風刺画は，多作でむらのある風刺画家，アイザック・クルックシャンクの作品であった。

国王万歳（1795年）

ピットと彼の盟友ダンダスが酒盛りをしていた──2人で1デカンターのブランデーと，5本のワインを空にした。彼らは「疲れて，感情的」にもなっていた。そして室内便器も用意されていた。このときにひどく悪酔いをしたピットを描いた数枚のプリントがあった。それから2年後にキャニングがギルレイに年金を給付することになり，酔っぱらいのシーンは消えてなくなった。

征服者ウィリアムの凱旋！！！（1795年）

〔1793年にフランス革命軍の〕侵入の脅威に備えてピットは，市民軍6万人の増強を提唱したが，フォックスからは「この国の人民に対する印象づけの手段だ」として嘲けられた。ピットは1800万ポンドの「愛国資金」を調達してその軍資金にあてる決意を固めた。そして彼はシティの銀行家たちに向かって，もしも予定の軍資金が集まらない場合は，増税しか外に方法がないと言った。結果は，彼の勝ち。僅か5日間に全額の寄付金が集まった。ブリッジウォーター公爵は，即座に1回で10万ポンドを提供した。リチャード・ニュートンの風刺画では，ダンダスがピットを金庫へ導き，フォックスほか，ジャコバン党崩れの何人かが腹を立てて，悪態をついている。

ニュートンは他にも王族をモデルにした，とても滑稽な風刺画を何点か制作している。彼は特にグロテスク画の達人であったが，21

歳の若年で世を去り，その才は余りにも早く失われてしまった。

れるように交渉した。そしてまずは，ギルレイのエッチング針を手に入れた。キャニングは，風刺画に自らも入れてもらいたいと思って，ギルレイにそのことを申し出た。それを承知したギルレイは，フランス革命の恐怖を表した風刺画に，フォックスがピットを鞭で殴りかけ，キャニングは街灯柱にしがみついている姿で描きこまれていた。風刺画に描かれることは，即ち世に知られることであった。

ピットはフランス革命の結果についても関与しなければならなかった。何よりも英国の君主政体は保護されねばならなかったし，ピットは多くの場合に，ジョージ3世の防御者としての任務を担っていた。それで彼は，人身保護令状――出廷を抜かした拘禁に対する抵抗の権利――を含めていくつかの制圧の手段を導入した。英国において革命思想が根づくことを防止するためである。この成り行きが，憲法を食い荒らすイナゴとして，彼を表象する批評家の出現につながった[6]。そして――愚かにも――自ら王位をさえ狙おうとする者として描き出されるまでになった。

69

悪魔のかがり針（1795年）

リチャード・ニュートンの風刺画は、「お尻のないピット」を強調する。このスタイルは、18世紀末というよりは、19世紀的な特徴をもつ。

ビリーの政治玩具（1796年）

リチャード・ニュートンによるピット／フォックスの敵対関係グラフィック・イメージ。

　フランスとの戦争に必要な軍資金を生み出すためにピットは、1799年に所得税を導入した。結果として、ジョン・ブルの両肩に山のような重荷を担がせる彼を描いた風刺画がたくさん産出されるようになった。ピットは父親のような戦争のリーダーとしての大物ではなかった。しかし忍耐強くも他のいくつかの国々と連合を組織して、ナポレオンの侵入を阻止することができた。この功績でピットは、ギルレイの名画によって持ち上げられることになる。ピットとナポレオンの両雄が世界をまるで巨大なプラム・プディングのように分割している風刺画が描かれているのである。後につづく風刺画家たちのあいだでは、これをそれぞれの同時代の状況に当てはめて、パロディ化する風潮がはやっていた。

　風刺画の歴史における2人対比の最たる例は、なんといってもピットとフォックスだ。彼らは完全に対照的であった。フォックスは太くて大まかで、ギャンブラーで、女たらし、そして浪費家であった。彼は下院で人を引きつけずにはおかない話術をもって、即妙の雄弁を揮い、その場で野党党首の役割を果たしたことがあった。

　ナポレオンとの戦いの最中であったときでさえ、フォックスは政権党に攻撃を浴びせてやまなかった。したがって彼は、手を血染めにした革命軍の同志として描かれることが度たびであった。フォックスはまた、かつらをつけず、都市生活者の平服で描かれていた。民衆の1人としての彼の地位が強調されてい

たのである。彼はスマートさを装うことをせず，むしろ靴のかかとをすりへらした，「労働者階級」であることをアピールしていたのである。

ピットは1801年にアイルランド問題にかかって，地位から転び落ちることになる。1798年，フランス革命によって引き起こされた愛国主義思想によって，アイルランドに暴動が発生した。18世紀末におけるアイルランドは，圧倒的多数を占めるカトリック教徒と百姓によって成り立っている社会に，プロテスタントの地主たちによって構成された，独自の議会をもっていた。それでもやはりアイルランドの議会であることに違いはなかった。そこで起こった暴動は，両陣営ともに無慈悲な残虐を極めたものとなったが，結局は鎮圧された。この経過に関するピットの反応は，英国とアイルランドが，政治的・経済的に統合することであった。このことは，必然的にアイルランドの議会を廃止し，アイルランドの議員たちにウェストミンスターの国会に議席を与えることを意味する。全面的な贈賄手段によって，ピット政権はダブリンの議会を説得して自殺へと追い込んだ。そして「統合」は成し遂げられた。

アイルランドに関する「取捨選択一切無用」の原理の一部分としてピットは，

すべてを紙幣に変えるミダス王[7]（1797年）

1797年2月に，イングランド銀行に取付け騒ぎが起こり，金貨も底を突いてしまった。そこでピットは銀行に金貨の発行停止を命じた。そして1ポンドと2ポンドと命名した紙幣を導入した。これらの紙幣が，ごく少数のロンドンの住人によって使われていた既存の5ポンドや10ポンドを補うようになった。こういう処置をとったためにピットは，フォックスから猛烈に噛みつかれることになる。

ギルレイのこの風刺画に描かれたピットは，なんとなく精彩に乏しい感がある。彼は貨幣供給を管理する巨人で，口からポンド紙幣をどんどん吐き出しているのだが，頭にかぶった紙幣の王冠の間からロバの両耳が見えているのである〔ロバ（ass）には「とんま」，「ばか」の意味がある〕。

成り代わりリリパット（小人）族の人たち，公共奉仕の備え（1801年）

　ピットの後に続くアディントン政府は，ピグミー族の内閣の感があった。アディントンは，ピットの長靴(ジャックブーツ)やコートや帽子などに隠れて見えなくなった。この風刺画が現れる数日前にフォックスは言った。「王様が彼の長靴だけでわれわれを統治されることのないように，われわれは，彼の長靴の長靴によって治められるようになるのだ」。のちにリヴァプール卿として首相になるホークスベリーは，大きなズボンに入って行方不明になることがあった。ふだんでも影の薄いホバートは，ダンダスのキルトの中に入って行方不明。もう1人別の影の薄い男は，キャニングのスリッパを満たすことができなかった。ピットのような巨人について歩くのは，いつも並大抵の苦労ではなかった。しかしギルレイの風刺画は，ピットの後継ぎの不適切な連中について，不公平なコメントを一言ももらしていない。

首相退陣は潔く（1801年）

　1801年にピットが退陣したのは，フランスとの講和が嫌だったからだと言われるが，ギルレイから見れば，辞職の原因は明らかにアイルランドの問題にあった。ピットの右手には，「カトリック解放の正義」と書いた紙が握られている。彼のあとについているのは，彼と最も古くからの仲間のダンダスと，外務大臣のグレンヴィルだ。ピットはそれから3年後に返り咲くことになる。

第5章 ピットの時代

危機に瀕したプディング——軽い夕食を分かち合う2国の美食家（1805年）

ヨーロッパ諸国の中で，フランスからの政略を受けずに無事だったのは，英国だけであった。2人の巨人政治家が向かい合って，世界を分かち合おうとしているところだ。ピットは西インド諸島を所望し，ナポレオンはオランダ，スペイン，イタリアを獲得したが，どうしたことかロシアもスウェーデンも含まれていなかった。この有名な風刺画は，ギルレイがピットを描いた最後の作品の中のひとつだ。これから数か月後に彼は死んだ。

カトリック教徒も当然統合に異議ないものとして，カトリック教の議員たちが下院の席につくことに反対するような法的障壁を撤廃することを提言した。ところがジョージ3世は，断固としてこれに同意する気配を示さなかった。「カトリック解放」は，彼の戴冠の誓いに背く，と国王は言うのであった。ピット，王のどちらも一歩も譲ろうとしなかった。そして1801年2月にピットは首相の座を去った。

それから国王は，下院議長のヘンリー・アディントンを首相に任命した。異例の力量をもって長期間総理の座についていたピットは，小さな体で短期しかもたない首相に後を継がれることになった。当時の人びとの口には，次のような冗談がのぼった。

　ロンドンとパディントンを比ぶるは
　ピットとアディントンを比ぶるが如し

アディントンは首相の中で最もそれらしくない1人であったために，風刺画家たちの手にも負えないくらいであった。彼の父親は医師で，地主貴族ではなかった。彼は貧困家庭の出であるという自覚を忘れるのを絶対に許されなかった。彼は時どき医者が浣腸剤を入れるのに用いる器具を持ち歩くところを描かれているが，その当時それは万能薬と思われていたものであった。ほかの風刺画では，彼が薬びんや丸薬入りの箱，あるいは医者のカバンを持っているとこ

ろも描かれている。

　1802年3月，アディントンとフランスは，解決合意——アミアンの和約を結ぶところまできていた。しかしどちら側も相手を信頼していなかった。そして1年を少し過ぎたところで英国はフランスに戦争を宣した。ピット復帰を叫ぶ声が国中に高まり，1804年にはそれが実現した。1805年10月に，英国はトラファルガーの海戦で大勝利を勝ち取った。しかし2か月後には，アウステルリッツでロシア軍とオーストリア軍が敗北を喫したために，連合軍は壊滅。ピットが組織した諸国民の戦闘態勢も，大連合も根こそぎ吹き飛んでしまった。

　46歳のピットは，疲労困憊しきっていた。1806年1月，19年にわたる総理大臣職の重荷と，何より好きだったポートの飲みすぎで，彼は遂にこの世を去った。

　訳注
(1) "Regency Crisis" 1788年，ジョージ3世が発狂したかに見えた。そうなると皇太子が摂政になってピット政府を解散して，ポートランドとフォックスに組閣を命じる公算が高かった。摂政法案が用意されるところまで行ったが，1789年には王の容態が回復して，それが施行されずにすんだ。
(2) ギリシア神話ヒドラ（Hydra）。9頭の蛇でヘラクレスに殺された怪物。1つの頭を切るとその跡に新たに2つの頭ができたという。
(3) シェリダン（1751-1816）。アイルランド生まれの英国劇作家として有名。1780年からシェリダンはホイッグ党員の政治家として下院入りをし，雄弁家として知られるようになった。
(4) "Cinque Ports" 5港。イングランド南東海岸の特別港。国防上の貢献の代償として特権が与えられていた。
(5) "Old Lady of Threadneedle Street" イングランド銀行をさす。イングランド銀行は，1734年にシティの中心街スレッドニードル・ストリートに移った。その通りを「老嬢」と名付けたのは，シェリダン。ついでながらピットは一生独身であったことを付記しておく。
(6) イナゴの大群がもたらす弊害については『旧約聖書』「出エジプト記」第10章1〜12を参照。
(7) ミダス。ギリシア神話・フリギアの王。望み通り手の触れるものすべてを黄金に変える力をもらったが，食物も金になるのでピクトラス川で身を清めて助かった。

第6章

戦争と反作用

大蔵第一卿

1806年1月：グレンヴィル卿（「選り抜き人事内閣」）
1807年3月：第三代ポートランド公爵
1809年9月：スペンサー・パーシヴァル
1812年6月 – 1827年2月：第二代リヴァプール伯爵

　ギルレイはやや後期の風刺画の中でピットの外套が早くもキャニングの上に
落ちるところを描き表していたが，ピットの後継者はまだ定かではなかった。
国王の目は，彼のもとで以前に首相を務めたジョージ・グレンヴィルの息子，
グレンヴィル卿に向けられていた。彼が右から左へと居並ぶ多くの政治家から
の人選によって組閣をしたので，その政府は皮肉的に「選り抜き内閣」と呼ば
れた。その頃に健康をくずしていたフォックスは，外務大臣に任じられた——
彼の最後の20年間に任命された最後の外相ポストであった。彼から見ると，受
理できる条件でのフランスとの講和は，不可能であった。それからしばらくの
後に彼は死を迎え，すでにがたついていた政府は，一段と弱体化した。

　政府はまた「大臀内閣」とも呼ばれた。これはその内閣の政治的特徴を意味
すると同時に，何人かの大臣の肉体的な特性にも依っている。ギルレイは，臀
部に焦点をしぼった一連の風刺画の傑作を産み出した。この政権の誉れになる
唯一の重要な行動は，奴隷貿易の廃止であった。しかし英国植民地に現存して
いた奴隷たちが解放されるまでには，あとさらに25年を待たねばならなかった。

　職務に就いてからちょうど1年が過ぎた頃に，例の「大臀内閣」は1801年に
ピットが敗北を喫したのと同じ問題——ローマ・カトリック教解放の問題に絡
んで，全員が放逐された。グレンヴィルは，カトリック教徒の軍人に将校職権
の保有を認可すべきだということを提唱した。——英国が外国におけるカトリ
ック信者の君主たちを熱心に支援していた頃のことであったと思えば，それは
革命的な提唱というほどのものでもなかった。グレンヴィルに退任を言い渡し

75

たジョージ3世は，余りにもやりすぎであった。このときのあり様をギルレイは，農夫ジョージが，多くの豚たちを断崖から追い落とす風刺画にして表現した。18世紀後半から19世紀の初めに至るまでの多くの風刺画に見られるように，その当時における根強い反カトリック感情が写し出されているのである。

ジョージ3世はもう1人別の政治家，ポートランド公爵に目を向けた。1783年のフォックス＝ノース連立内閣を統轄した人物である。健康不調で，実質的に老齢化したので，ポートランドは閣議のことについて，頻繁に知られることがなかった。ポートランド石に灰色に彫刻された像を見ると彼は，2人の指導的な閣僚——キャニングとカースルレイ——と比べてはるかに見劣りがした。彼ら2人はというと，まるで犬猿の仲で，決闘にまで及んだことがあった。

18か月後に，ポートランドはスペンサー・パーシヴァルと入れ替わった。パーシヴァルは有能な法律家ではあったが融通のきかない人物であった。そして彼は「多くのことに関して偏見の塊」であった。特にカトリック教についてはそうで，彼はそれを英国の二次的な社会に閉じ込めてしまうことを決定した。キャニングとカースルレイはこれに従おうとしなかったので，彼の行政手段は，第三級止まりになった。パーシヴァルは冷淡で親切味のない性格であった。風刺画には，弁護士の服装を着た気むずかしい，味気のない小柄の人物として写し出されている。どこから見ても「リトルP」という渾名がぴったりであった。1812年5月12日，下院議院へ入りかけたパーシヴァルは，精神異常者，ヘンリー・ベリンガムによって銃殺された。首相の身で暗殺されたのはただ1人，彼

悪魔につかれた豚の群れ——または自ら海へまっ逆さまに飛びこむ，勇敢な政治的豚の群れ（1807年）

ジョージ3世は，グレンヴィル卿と「選り抜き人事内閣」が提案した。比較的に穏やかなカトリック解放の政策でさえ受け入れる用意ができていなかった。そこで王は政府に強制的に解散を迫った。ガダラ人の地方での悪魔と豚の物語[1]を思わせる風刺画においてギルレイは，有名な渾名の1つをとって王を「農夫ジョージ」に仕立てて，ぶうぶうほざ

く恩知らずの動物どもを，断崖の上から下へ突き落とすところを描いた。まっ先に水中に落とされたのは，グレンヴィルと，のちに1832年の選挙改正法でグレイ伯爵になるハウィックだ。誰よりも離れるのを嫌がって，まだ崖にしがみついているのは，政治家で劇作家であったシェリダンであった。ハーレキンの衣装と酒飲みの鼻とによって，シェリダンが表示されている。30年以上も待ちつづけたシェリダンは，やっとありついた地位を手離すのが，最高に嫌だったのである。

第6章　戦争と反作用

想像力を暖める先見の明をもつ政治家（1795年）

グレンヴィルが総理大臣になる10年も前に、ギルレイはすでに彼の超大型の臀部に焦点を当てることを決めていた。

だけであった。それで彼は今でも人びとに記憶されているのである。

　ベリンガムは裁判にかけられて、一週間のうちに処刑された。そして下院はパーシヴァル未亡人のために5万ポンドの醵金を決めた。今日の額に換算すると、概ね200万ポンドに相当する額である。しかしながら悲しみは普遍的ではなかった。1812年には、機械化に反発する労働者集団がラダイト暴動を起こした。首相のパーシヴァルは、これにはどう対処すべきか、なす術を知らなかった。彼が死んだときには、製陶地帯で群衆が道路を走りながら「パーシヴァルが撃たれた、やった！」と歓声をあげていた。

　この頃になると、ジョージ3世の狂気の病がいよいよ永続的になったと思われるようになった。そして今度は摂政、のちのジョージ4世が、リヴァプール卿を次の首相に任命した。以後彼は、15年間、その地位を保持することになる。ウォルポールを除いて誰よりも長い総理の在任期間である。首相としての彼は、いくつかの極めてドラマティックな出来事を経験した──ワーテルローでの勝利、ナポレオン戦争後の不景気、ラダイトの暴動、ピータールーの虐殺[2]、それから内閣全員の暗殺を企てたケイトー・ストリートの反逆[3]等々。リヴァプールの平静沈着な意志は、英仏戦争の後につづいた、本物の危機を通じて英国を見つめていた。そして英国が革命になびくことはあり得ないことを確信した。

第6章　戦争と反作用

　リヴァプールは，1793年から1827年，彼の健康状態が崩れるまでの間に，職務から離れたのは僅か13か月間だけであったが，彼が実際に威圧的な指導者として見られたことは全くなかった。彼は閣僚は皆が平等であると信じ，彼の配下にある大臣を実際に免職させることは，1度もなかった。彼の謙虚な態度には，むしろ人を驚かせるものがあった。首相になる前に彼は陸軍大臣や内務大臣，外務大臣を歴任した。そして彼の後につづく10名の首相のうち6名が，彼の内閣の出身者であった。

　風刺画に描かれているリヴァプールは，大概一方に寄っているか，あるいは背景の中に描きこまれて，影の存在になっている。しかしクルミにも似た並はずれの横顔によって，彼は容易に識別できる。後のことだが，ベンジャミン・ディズレイリは，彼のことを「超一流の凡人」と呼んだ。しかし1人の人間が不屈の精神のほかに，何か特別の資質をもたずに，およそ15年もの間を首相として貫き通したというのは，信じ難いことである。1819年の危機の間でさえもリヴァプールは，風刺画家やパンフレット作者たちにとっての憎まれ政治家ではなかった。代わりに彼らは，リヴァプール内閣の大臣たち，カースルレイや，アディントン——のちのシドマス子爵——そしてキャニングらに銃撃を浴びせた。

　1820年以後になると，風刺画家たちの筆法がやわらぐので，リヴァプールは幸運であった。1810年から風刺画を始めたジョージ・クルックシャンク（1792-1878）は，鋭く厳しい伝統の中で育った。しかし1820年以降になると，彼の

ポートランド石像の想を練るジョン・ブル（1807年）

　カトリック教コミッションの問題で「選り抜き人事内閣」が崩壊したあと，ポートランド公は，第2次内閣を組織した。彼は耳が悪く，痛風もちで，身体が虚弱——船首像も同然であった。国王の立場に関する限りで言えば，彼の際立ったメリットは彼のカトリック解放の火種を掘り起こすことはない，という点であった。画家はチャールズ・ウィリアムズ。

79

カローンの舟[4]──または──最後の旅に出た「選り抜き人事内閣」の幽霊（1807年）

　「大臀内閣」が，水もれの沈みかけた舟に乗っているところを，ギルレイが描写している。ボロボロに破れた帆には「カトリック解放」の文字が映っている。舟の行き先は地獄。そこではフォックスとクロムウェルが出迎えることになっている。棒をもって立っている長身の男はハウィックで，彼はミルトンの「失楽園」から「天国にて仕えるより地獄に君臨するほうがよい」（第1巻263行）を引用している。右側に聖餐杯と枢機卿の帽子をかぶっているのはグレンヴィル。その隣りにはもう2人の政府のメンバーがおり，両方ともグレンヴィルの腹心だが，その中の1人は，楽で実入りがいい仕事を水中に落としてしまった。シェリダンは吐き出している。いつもながらの混沌状態にあったこの政府にとって，勝負はついていた。グレンヴィルは結局彼らを取りまとめて，カトリック教解放に対する王の拒否に立ち向かうことが，できなくなっているのである。

　政治的な鋭さは和らいだ。彼は社会的な風刺画を好むようになり，それから本の挿絵の方へ向きを変えた。そしてかの有名な『オリヴァー・トゥイスト』（1837）の挿絵が現れたのである。次の70年間にはギルレイやデント，あるいはリチャード・ニュートンはいなかった。首相たちは安心して解放感にひたることができたのである。

第6章 戦争と反作用

外套をキャッチする弟子たち(1808年)

　ピットの死後に訪れた政治的混乱は，相当長期にわたった。この風刺画は，2年後に制作されたものだが，その頃にはまだ後継者がはっきり決まっていなかった。ギルレイは，キャニングから多くの依頼を受けていたのだが，結局は彼を注目の的に仕立てることによって，その依頼の代価を埋め合わさねばならなかった。彼が首相になるまでにはあと19年を待たねばならなかったのである。反対派は外の邪神の暗黒世界に閉じこめられることになる。そしてギルレイは，旧約聖書に語られている「エリヤの外套」がエリジャの上に落とされる物語に因んで，ひとつのパロディを構築した[5]。

　1817年に急進的パンフレットの作者，ヘンリー・ホーンが煽動的冒涜の罪で裁判にかけられたときに彼は，今日の政治に対する関心が深いが故に，偉大なギルレイは，聖書のパロディを描いたのだと言って，このプリントを取り出して見せた。

81

大物大臣の最後の探険（1810年）

　1810年，スペンサー・パーシヴァルの率いる政府は，政治的不安定のために先行きが非常に悪化し，法的な対策を講じることになり，出版の自由を制限した。急進派の国会議員，サー・フランシス・バーデットは，出版の自由を主張する側に立ったために下院によって有罪を宣告され，監禁されるまでになった。議院の衛視は，ピカデリーにあるバーデットの家のまわりを取り囲んだ大群衆によって，その行動を阻止された。

　その翌日，バーデットを検挙するために，近衛騎兵旅団が召集された。この鎮圧隊の指揮をとっていたのはパーシヴァル。大蔵大臣の衣装を着たままでの登場であった。アイザック・クルックシャンクによるこの風刺画に込められた皮肉は，前年に行われた海軍による低地帯のワルヘレン〔オランダ南西部〕への遠征が惨めな失敗に終わり，そのために政府がごうごうの非難にさらされていた最中であったこと。そしてパーシヴァルが勝算をもって臨み得た戦いはただひとつ，ロンドンの中心地の本人の自宅で，1人の国会議員を逮捕した，ということであった。

パーシヴァル氏下院のロビーにて暗殺さる。犯人はジョン・ベリンガム（1812年5月12日）

　明らかに首相の殺害場面を，風刺画として描き出すのは，余りにも恐ろしいことだ。この絵は，チャールズ・ウィリアムズによる作品である。ギルレイの伝統の中で活躍しはじめた多作の風刺画家であったが，後には次第にリアリズムに縮こまるようになってしまった。

支えの総理[6]——リヴァプール卿

アイザックの息子，ジョージ・クルックシャンクらは，1819年から20年にかけて，ウィリアム・ハントによって出版されていた風刺雑誌に，いくつかの木版画を載せていた。カリカチュアとして最高級のものであった。ここの作品での彼は，英国において最も知名度が低い反面，最も長期間の任期を保持していた，ある総理大臣が，奇妙なことにクルミの実そっくりの横顔をしていたことを強調している。

「彼は内なる理解力で，
如何に感じるべきかを知らない，
大いなる目標を軽々と把握し，
ほとんど努力もなしに，広すぎて，
御し難いと思う数々の計画を，
回し転がし得ていることを」
　　　　　　　　ウィリアム・クーパー

ロイヤル・ドックヤード（1814年）

ジョージ・クルックシャンクの風刺画の詳細部分である。リヴァプール卿はクルミ殻で造った舟遊びに興する大臣連の仲間に加わっている。彼には役割の分担はないが，少なくとも彼の玩具を入れるための個人用たらいはもっていた。——おそらくこれは，有名な海港都市として脹わい，かつ彼の肩書きの源となった「リヴァプール」をほのめかしているのである。

急進派の改革者 (1819年)

1819年には経済的不況が政治的不安の炎を燃え上がらせた。政府に対する武装の抵抗を呼びかける廉価の印刷物などが出まわり、教会や牧師たちが大っぴらに襲われるようになった。そして急進派の改革者たちは普通選挙を呼びかけた。8月には、マンチェスターの義勇騎兵団が、マンチェスターのセント・ピーターズ・フィールズにおける5万人の大集会に乗り込み、死者11名と400名の負傷者を出した――「ピータールーの虐殺」として知られる。リヴァプール政権は、群衆の反抗を抑えるために考案された6本の条例を導入することによって、反応を示した。クルックシャンクが描いたこの風刺画には、過激な改革者たちが、ギロチンを備えて万全を期した革命を起こそうとしている様子が見える。怪物の前から逃げ去るカースルレイと、金貨でいっぱいに膨らんだ袋に引っかかって転倒したリヴァプールが描かれている。

第6章　戦争と反作用

レディと悪魔との新喜劇のひとこま（1820年）

　新王室の最初の難題は、ジョージ4世が結婚はしたが、別居の間柄であったキャロラインが正規の王妃の地位を求めて姿を現したことであった[7]。これには政治世界の介入が必要であった。政治家の中には、ブルームのように、王妃の側につく者もいれば、リヴァプールのように、王側につく者もいた。この情景は、キャロラインがとうとうイングランドに到着したという情報を聞いたときの、王と内閣首脳部の面々に現れた反響を映したものである。クルミに似た顔をして中央にいるのは、リヴァプール卿。

　おそらくアイザック・クルックシャンクによって描かれたこの風刺画では、登場人物の顔が一様に意図的に長く表現されてている。あとしばらくのあいだは、この技法が流行するのである。

訳注
(1)　悪魔どもに取りつかれた豚の群れが、崖から湖になだれ込み、水の中で死んだ、という物語。『新約聖書』マタイ8・18～32、マルコ5～20、ルカ8・26～39参照。
(2)　後出、84頁。
(3)　国王の葬儀のために衛兵がウィンザー城へ出向いている留守を狙って、1820年2月23日にグロヴナー・スクエアの晩餐会に出席中の閣僚全員の暗殺を企てた。
(4)　ギリシア神話。カローンは黄泉の国の川ステュクス、またはアケロン（三途の川）の渡し守。死者の魂を船に乗せてこの川を渡すという。
(5)　『旧約聖書』のエリヤとエリジャの物語に基づく。火の馬に引かれる火の戦車に乗って天に昇るエリヤはピットに、そして彼を師と仰ぐエリジャはピット直系の弟

85

子で，その後継者に最も適したキャニングに擬せられている。そして火の戦車のエリヤから彼に向かって神秘的で象徴的な外套が投げかけられることによって，見事にパロディが構成されているのである。

(6) 原題は "The Prime Crutch ― Lord Liverpool." 「松葉杖の総理」ともとれる。

(7) ジョージ4世が，摂政時代に引き起こした女性問題の最たるものは1785年に，2度の結婚歴をもったカトリック教徒の若い未亡人，マライア・フィッツァーバートと秘密の結婚をしたことであった。父王の許可なしの結婚であったから法的に無効，そして相手がカトリック教徒であったから王位継承権を失うことになる。そこで彼は，10年後にいとこのキャロラインと結婚することにより，父王との和解を図った。しかし彼はキャロラインを憎み，虐待をつづけていた。1821年7月，彼の戴冠式の場にキャロラインの姿はなかった。

第7章

改　革

内閣総理大臣

1827年4月：ジョージ・キャニング

1827年8月：初代ゴードリッチ子爵（のちに初代リポン伯爵）

1828年1月：初代ウェリントン公爵

1830年11月：グレイ伯爵

1832年5月：初代ウェリントン公爵

1832年5月：第二代グレイ伯爵

1834年7月：メルバン子爵

1834年12月：サー・ロバート・ピール

1835年4月 - 1841年9月：メルバン子爵

　1827年2月18日，リヴァプール卿は発作に襲われた。しばらくの間は，彼が完全に立ち直れるか，不透明であった。このような事態があとへ引いたとしても，彼の後任を決めるのは，極めて困難な状勢であった。結局リヴァプールが発作を起こしてから6週間後にジョージ4世は，キャニングを選んだ。

　キャニングは，沈滞していた政府に，品格と活力をもたらした。彼は自らを1790年代のピットと結びつけようとしていたが，いささかアウトサイダーに見られるのが常であった。彼はある女優の息子であったのでホイッグ党のグレイ伯爵は「女優の息子が総理大臣だなんて，事実あり得ないことだ」と言って，彼の気どりを退けた。キャニングは，文筆家で，詩人でありジャーナリストでもあったが，政治は彼の初恋の相手であった。そして女相続人と結婚することによって，世に出るのに不自由のない身になっていた。彼は偉大な外務大臣を経験したことがあり，南アフリカでは，スペイン帝国の崩壊に声援を送ってから英雄視されていた。このことと関連して，彼は記念すべき言葉を生み出した。「わたしは新世界をこの世に呼び出して，旧世界との不均衡を正すようにせしめた」。

　風刺画家たちは，リヴァプール卿には目立った特徴がないためにさんざん苦

87

一発勝負か，長期戦か（1872年）

　トーリー党の分裂の実情。キャニングは「カトリック優越」の旗のもとで一方を目ざし，大法官〔上院議長〕エルドンは，「プロテスタント優位」の旗じるしのもとで反対方向へ艪を漕いでいる。エルドンは長期にわたって大法官の職に就き，その務めに大満足だったので，今さらその職を辞するのは，はなはだ不本意であった。

　この風刺画は，おそらくウィリアム・ヒース〔ポール・プライの筆名で知られる〕の弟，ヘンリー・ヒースの作だ。人気者の風刺画家で，一般的にキャニングのお気に入りであった。

労をしていた。したがって今度は，はっきりした特徴をもち，しかも彼の政党の分裂を狙っていたキャニングが首相になったことを，大いに歓迎したのである。風刺画家たちのほとんど全員にとってキャニングの人気があったというのは，彼は容易に見分けがつくからであった。ほとんど頭全体が禿げていたのである。彼はまた首相の座についていたのもごく短期間であった。キャニングは，カトリック解放を支援していたのでウェリントン公やエルドン卿を含む大ぜいのトーリー党の要人たちが彼の支配下に入るのを拒んでいた。このような事実は記念すべき風刺画「トーリー党原理の葬い」に記録されている。ところが僅か100日のあと，キャニングは悪性の腰痛にかかり，57歳で生涯を終えた。彼がロバート・ピールや，パーマストン，グラッドストン，そして若き日のディズレイリを奮起させる面が多かったというのは，彼の人格についての語り草になっている。

　ジョージ4世は，そのあと大蔵省のゴードリッチを選んだ。彼がかつて大規

第 7 章　改　革

トーリー党原理の葬い（1827年4月）

　リヴァプールの病気のあと、指導的地位のトーリー党員たちは、キャニングに仕えるのを拒否した。彼らはハンカチーフを目にあてたエルドンに導かれ、ウェリントンとピール、スコットランド帽子をかぶったメルヴィル、盗み目のグールバーンがつづく。彼らはキャニングを見捨てたことに対して、風刺画による非難を浴びせられているのである。

　この風刺画の作家は、"H. B."（ジョン・ドイルのイニシャル）である。1820年代から1840年代までの歴史的出来事を題材にして、多数の石版画を生産した。出版業者、マクリーンはそれらの作品に「いかなる几帳面な方であっても万が一にも心証を害されることなく、またいかに鋭敏な方でも懸念ご無用」という広告文をつけていた。

　ドイルの人物像は、風刺というよりはむしろ正確な肖像画風に描写されており、彼の批評は総じてユーモア寄りになっている。このような彼の軟らかみのある新技法は、エッチングではなく、縁に軟らかみを添える石版画法を用いることによって導入されているのである。

模な減税策をとったときに、コベットが皮肉って「繁栄ロビンソン」という渾名を送ったことがあった。ゴードリッチの登用は当座のしのぎであっただけに、カトリック解放に関するトーリー党内の意見の違いを調停することがまったくできずに、議会が開かれる前に彼は辞職した――総理大臣として他に例のないことで――彼は「ドタバタ公爵」として知られるようになった。

　ジョージ4世によって首相を指名されたときには泣き崩れた。王は彼を「大泣き虫の愚か者」と呼んだ。ゴードリッチは、数人の大臣から入閣を拒否されたときにも泣いた。彼が王と最後の面談を交わしたときには、ジョージ4世は

闘鶏と糞の山

　ジョージ4世から首相に任命されたキャニングは，ヘンリー・ヒースによって，威張ってねり歩く雄鶏さながらに，得意満面の姿に描き表された。ブルームは王宛の手紙で彼を指名するように勧めたことがあった。「謹啓，御父君がホイッグ党の優勢を打ち壊されました。陛下はトーリー党の仕業を放置なさるおつもりではありますまい」「いや，いや，そんなことがあっては罰があたるぞ」と王は答えた。そして窓の外を眺めて彼は大満足。古くからのトーリー党の大臣の数名が，ウェリントンを先頭にして立ち去って行くのが見えたからである。このときウェリントンは「わしが立ち去るなんて，こん畜生！」と洩らした。そのあとキャニングは，彼に忠実であった若干名のトーリー党と数名のホイッグ党とを閣僚に任命しなければならなかった。

彼にハンカチーフを貸してやった。彼が風刺画で取り扱われた例は，ごく少ない。そして19世紀の全首相の中で最も認知度が少ないのは，ゴードリッチである。

　ジョージ4世が次に目をつけたのはウェリントンであった。王はある朝早くに彼をウィンザー城に招いた。ジョージ4世はそのとき，ターバンのナイトキャップをつけたままで，ベッドの中にいた。そしてぶっきらぼうに言った。「内閣が消滅したんだよ，アーサー」。

　極端なトーリー党員たちは，ウェリントンが首相になったことを喜んだ。しかし彼らは英国政治の軌跡の中でもよほど大きなUターンを経験しようとしていたのである。1828年にアイルランドで行われた補欠戦挙で，ダニエル・オコネルが勝利を制した。しかし彼は，ローマカトリック教徒であったから下院

スレッドニードル街の国民向け質屋 (1826年)

この風刺画には4人の首相が映っている。まだ在職中のリヴァプール卿は梯子の底の方におり、当時外相であったキャニングは上の方にいる。内務大臣のピールは、右側から梯子を支えており、大蔵相の衣装を着たままのロビンソンは、左側からそれを支えている。ロビンソンが姿を現すのは、非常に珍しい。のちに彼はゴードリッチ子爵として首相になるのだが、もともと存在感が希薄なので、とらえ難い人物であった。

これはロバート・クルックシャンクが描いた風刺画だが、その動機は、銀行の取り付けによって財政的危機が発生したことであった。商取引が行き詰まっていたにもかかわらず、リヴァプール〔首相〕もロビンソン〔蔵相〕も大蔵省証券の発行による救済策を講じることを拒んでいた。その代わり彼らは、銀行に金貸しをすることを慫慂したのである。——つまり、スレッドニードル街のイングランド銀行は、困っている人たちにとって——質屋となったのである。

に議席をもつことはできない。これからは、他にも多くのカトリック教の議員がアイルランドの議席へ戻されることは必定で、そうなれば彼らの選挙権は剝奪されるようになる。アイルランドは、手に負えなくなるに違いない。そこでウェリントンとピールは、憲法上の、あるいは市民間の紛争を防止するには、議会にカトリック教徒の座を認める以外に方法はないと考えた。そして彼らはカトリックの解放を決意したのである。

ウェリントンを絶対に許さない、と思う人が多くなった。貴族のウィンチルシーは、彼に決闘を挑んだ。首相としてこれ程の試練にさらされたのは、ウェリントンをおいて他になかった。

次には国会の改革という大問題が出てきた。1830年ジョージ4世が死亡して、彼の弟がウィリアム4世として、その後をついだ。その当時には君主が亡くな

バタシー広原（1829年）

　熱烈なプロテスタントであったウィンチルシー卿が，ウェリントンはかねてからカトリック解放の常習的隠れ支援者であることを手紙に書いて，ある新聞に投稿した。ウェリントン公は赦免を請うたが聞き入れられないので，1829年3月21日の早朝に，バタシー広原において決闘で決着をつけることになった。射撃がへたなことで有名であった公爵は，ウィンチルシーの脚を狙って発砲したが，的がはずれた。ウィンチルシーは空に向かって発射した。彼のセコンドたちはそこで言葉を挟んだが，「赦免」のことについては一言も触れなかった。しかしウェリントンはそれをくり返して言った。合意が成立すると彼は帽子に手をあてて，皆に向かって「おはよう」と挨拶した。

　この風刺画の作者は，ポール・プライのペン・ネームをもつウィリアム・ヒースだ。彼は，カリカチュア作家として，またイラストレーターとして有名になったが，元は竜騎兵大尉であった。

るとすぐに総選挙を行わねばならなかった。そしてウェリントンは多数票を得たとはいえ，実数は減少していた。ウェリントンの改革はまっ向からの反対に遭い，「改革のはじまりは革命のはじまり」だと逆襲されるありさまであった。王のスピーチの中でも，改革のことは，完全に無視されていた。上院の頑固派たちは今やカトリック解放問題と絡んでますます頑なになり，改革ともカトリックとも関係のない問題に関して，投票をもって彼を否定し，ストライキを起こすことを決めた。しかしこのあからさまな報復手段は，彼らの上にはね返った。というのは，ウェリントンに代わって，すでに議会改革に乗り出していたホイッグ政権が登場するようになったからである。

　ウェリントンが首相の地位にあった約3年間は，口の悪い風刺画が矢継ぎ早

第 7 章　改　革

高潔な公爵の肖像（1829年）

　ウェリントンは最も人気があり，最もよく知られた軍人であっただけでなく，最高総司令官でもあった——首相になってからも彼はこのポストを持ち続けたかった。彼を敵視していた何人かは，彼がある種の軍隊の規則を尊重していたことを知っていたが，彼が不在の間に，内閣は彼が軍隊の職務から離れるべきだということを決めてしまっていた。戦争に必要なすべての装具——大砲，太鼓，軍力，野営用テント，旗，番小屋等々——は，これから先の民主主義の功績ではなくて，軍人としての過去を強調するものであったからである。

ガイ・ホークス，あるいはカトリック教陰謀（1830年）

　ウィンチルシー卿は過激なトーリー党員を使って上院〔貴族院〕におけるウェリントン政権の票数を減らすことによって，彼に対する恨みを晴らした。この風刺画はウェリントンがガイ・ホークスになり，ウィンチルシーがガイ・ホークス行列を先導する形をとっている。その頃には，多くの町で，カトリック絶対反対を唱える行列が街路をねり歩いて11月5日を祝っていたのである。画家は H. B.（ジョン・ドイル）。

に現れていた最後の頃であった。そんな中で彼は風刺画家たちにとって，結構な授かりものであった——あの独特の鉤鼻，制服，冷酷な高慢さからブーツに至るまで，すべてが数限りなく絵になっていた。彼は度たび風刺画を見て笑いながら親しい友人に言うのであった。「世の中には中傷や罪人呼ばわりしかないものだね，アーバスノットさん。そういうのにさらされる覚悟をしておかなくちゃ」。

　それからグレイ伯爵が66歳で首相になった。彼は，それまでの43年間に上院・下院のどちらかに座を占めていたが，何らかの職についたのは，あの「大

ギグに乗る2人（1831年）

1830年の秋，機械の破壊や干草放火が南イングランド一帯に広がった。放火は家屋や納屋にまで広がった。経済的な絶望感は，急進的な雑誌をも煽り立てて，議会改革の要望が広がった。裁判官たちは苛酷な判決をくだし，暴動犯は絞首刑に処せられた。ウィリアム・ヒース作の，この珍しい風刺画には，死神御するギグ〔1頭立て無蓋二輪馬車〕に乗った黒い骸骨すがたのウェリントンが描きこまれている。

臀内閣」での1年間だけ。今や彼は「改革法案のグレイ卿として，歴史の中へ足を踏み入れようとしているのだ」。そして彼は大臣としてホイッグ党だけを指命した。彼らのほとんどが地主貴族であった。皮肉なことに，この急進的な内閣が，今までのどの内閣よりも広い土地を所有していたのである。

1831年3月に，のちに自らも総理大臣になる，若いジョン・ラッセル卿は，6つの腐敗選挙区[1]の廃止法案を提唱した。有力者の私物と化した選挙区で，実際には資格がないのに選挙権を行使できるようになっていた，いかさま選挙区であった。その廃止法案は，下院では一票の差で多数を確保したが，上院はこれを否決した。このときにグレイは，国民投票を思いつくのである。「近代的」国民投票の最初の例であった。この最も重要な出来事が，すなわち議会の改革に通じた。グレイは，大多数を勝ちとったのである。

第二回目の法案も10月に上院で否決された。民衆の抗議集会が行われ，暴動が起こった。そして群衆は，ロンドンのウェリントン公爵邸，アプスリー・ハウスの窓ガラスを壊したりした。

次に1832年5月に，第三回目の法案が上院で否決されたときには，グレイは

第7章 改革

夜警消滅最後の日（1829年）

　ロバート・ピールについて誰でも知っていることは、彼がロンドン警視庁を創設し、巡査に彼の呼び名と同じ「ボビー」という名称を与えたことである。1829年9月に、千人から成るピール創設の新しい警官隊が、初めてロンドンのパトロールに出動した。このことは、なんとなくおなじみで、街の人気者でもあった夜警が、余計者になったことを意味する。改革を取り入れたピールの人気は少しも上がらなかった。新警官隊は軍隊式で横暴であり、宗教裁判官じみているといって、ピールは攻められたのである。

改革学校（1831年）

　このプリントが現れたのは、長い間つづいた改革危機がはじまった頃であった。
　教師として描かれているのがグレイ伯爵で、彼はやる気のない、ぐうたらなトーリー党の生徒たちに、"reform"の語がどのように変化するかを教えこもうと頑張っているところである。ウェリントンは、怠け者がかぶらされるとんがり帽子をかぶって角の方に立ち、「ぼくは"reform"はできない」と言っている。ピールだけがグレイ先生を見つめている。
　C・J・グラントのプリントには、急進的共感が強く表されていた。彼はブロードシートや大衆向けの出版物に、多くの木版画を産出した。彼の木版画は堂々として、大胆さを感じさせた。そしてそれらすべてが体制側に楯ついていた。

リトル・ジョニー，地獄を起こす，または大臣たちの最後の移動（1831年）

　ジョン・ラッセル卿は，下院において3つの改革法案を上程するのに最も活発に動いた。ここで彼は，マグナカルタや権利章典を地獄に送りこむ，古い時代の自由・権利に対する危険な裏切り者として描かれている。改革の波が国中に広がって人気が集まるにつれて，反改革の風刺画は，改革賛成のものよりも，はるかに劣勢になったのである。

王室用モップの長柄（1831年）

　急進派，C・J・グラントによって制作されたこの木版画は，中味が空っぽの人形として表象されたウィリアム4世を描いたものである。その空っぽの人形を通して総理のグレイが，上院の議会を停会にするという国王の言葉を通達している光景が表されているのである。総理大臣の実際の権力は，このあとに発揮される。すなわちいざという場合には，上院において改革案の賛成多数を形成するためには，王の特権によって，しかるべき数の貴族を叙任するように説き伏せたのである。結果としては，君主は指導的大臣の助言を容れて行動すべしという憲法上の実践規範を固めることになった。

第7章 改革

弱腰内閣（1832年）

　グレイは，上院で改革案を通すために貴族の数を増すように王に陳情したが，聞き入れてもらえなかったので1832年5月に，職を辞した。そこでウィリアム4世は，ウェリントン公爵に向きを変えた。しかし僅か3日しか経たないうちに，ウェリントンは，組閣は到底不可能であることを肌で感じとった。この風刺画は，もしも政府が生きのびていたなら，ひどい抑圧の措置がとられていたに違いないことを，如実に物語っているのである。と同時にこれは，ウェリントンの過去を思い起こさせる巧妙な方法でもあった。

　この風刺画家，ロバート・シーモアは，『ルッキング・グラス』〔1830年に出版されていた風刺雑誌〕の代表的な風刺画家としてウィリアム・ヒースの後を継いでいた。しかし，ロンドン狩猟家たちの滑稽な仕草を描いて知られるようになった。彼はディケンズの『ピクウィック・ペイパーズ』の挿絵画家として最初の一部分を担当したことがあったが，仕事のし過ぎのために健康を害し，1836年に自殺を遂げた。

　貴族を新たに50人増やして，数に勝る反政府派を退けるように陳情した。これに驚いたウィリアム4世は，ウェリントン公爵に政権の組織を依嘱したが，公爵は下院の信頼を集めるに足る内閣を組織することは，できそうになかった。そこでグレイが総理大臣に復帰することになった。そしてウィリアム4世も，もし必要とあれば，その数に見合うだけの貴族を任命することを表明した。ウェリントンは最早自分の出る幕はないことを悟って，支援者たちには投票を控えるように伝えた。1832年に選挙法改正案は，通過したのである。

　成人男子のなかで選挙権をもっていたのは，僅か8人に1人だけであったが，選挙法の改革により，古い制度には終止符がうたれた。ピールの考えによれば，この改革は過去百年間に議会を通過した議案の中で最も重要な法令であった。

これを基点にして英国は，普通選挙への道を歩み始めたのである。政党の形成によってその第一歩が踏み出されたのだが，その流れは19世紀から20世紀にかけて最も盛んであった。

　1831年に総選挙〔下院議員選出選挙〕が行われたときに，改革の反対派を表すのに「保守」("Conservative") の語が一般的に使用されるようになった。そして改革派に対しては「リベラルズ」が用いられることがしばしばだった。ただしその当時の人たちがこの語を一般的に使っていたのではない。

　風刺画家たちは，このような国政機構の危機を好んでいた。グレイとラッセルが通常英雄として描かれるのに対して，ウェリントンほかトーリー党の首相らは，依枯地な保守主義者として表象された。風刺や毒舌も以前に比べると，減る傾向にあった。人物描写はだんだんと肖像画並になってきた。1830年代における風刺画界の代表にあげられるのは，ジョン・ドイル（1797-1868）で，彼はH. B.のイニシャルを使って，膨大な数の風刺画を出版した。彼は風刺の調

見ろよ，この猫のしっぽの長いこと（1831年）

　全体的に見て，グレイは風刺画家たちから好意的に見られていた。しかしウィリアム・ヒースは，彼の思い上がったパトロンぶりに対して，一言あてこすらずにはいられなかった。そこでこの猫のしっぽには，彼の権限で贈与された地位や職，彼の親戚が所有していた地位や職がすべて列記されている。彼の息子や義理の息子，兄弟や義理の兄弟のほか，無数の従兄弟たちが，うまい汁が吸える職や地位についたり，ぼろい仕事にありついたりしていたのである。

第7章 改革

内閣評議員（1834年）

メルバン卿が首相を辞任したとき，後任のロバート・ピールはローマに滞在中であったので，ウェリントンが10日間政権を「担当」した。彼は主要な省や局の仕事ぶりを巡視していた。ピールが戻ると同時に，ウェリントンはさっさと身を引いた。この風刺画家はH. B.（ジョン・ドイル）であった。

子を和らげる方で，その流れは，ジョン・リーチ（1817-64）やサー・ジョン・テニエル（1820-1914）によって受け継がれるようになる。

風刺画は，今や政治的エリートだけが買い求める個人向けのプリントではなくなった。それ以後になると，風刺画は新聞に現れるようになり，風刺の定期刊行物が100万単位の読者たちに見られるようになる。編集者たちは，彼らが新たに獲得した読者の趣味を傷つけたくない。したがって風刺は，ヴィクトリア朝の家族の居間に受け入れられるものでなければならなかった。英国の風刺芸術は，品位のために無気力な長いトンネルに入りかけていたのである。

こんな状況で恩恵にあずかったのは，メルバン卿であった。グレイの辞職の後を継いで，1834年に首相になった人物である。彼はハンサムであり，世才に富んでいたが，彼のいちゃつき癖が風刺画に現れることは，ほとんどなかった。彼が離婚に絡んで召喚された[2]ときにも，この出来事に触れた風刺画家は，事実上1人もいなかったのである。

メルバンの怠慢ぶりは，すばらしかった。ディズレイリは，彼のことを「国民の運命の地を巡り歩き，帝国の栄光の間を逍遥して」回るだけの人間だと言った。政策上の問題が身に迫ってきたときに彼が決まって発する問いは，「どうしてそっとして置けないのかね？」であった。彼は，「政府がなすべきことといえば，犯罪を食い止め，それを罰するということに尽きる」と信じていたのである。このような生まれながらの無性ぶりは，1つも風刺画に現れてこなかった。

メルバンはまもなく，深刻な国難に立ちいたった。そして数か月後に，辞職を余儀なくされた——トーリー党に偏していた国王を助けねばならなくなったのである。ウェリントンは2度と首相の座に就く気がなくなっていたからには，

2羽のキジバト（1835年）

ここに映っているのは，珍しい風刺画である——大英博物館でさえ所有していない珍しい作品である。メルバンと，ミセス・ノートンとの関係について噂にのぼっていた色事を標しているのである。ミセス・ノートンは，保守党議員の美貌の令夫人で年齢は20歳であった。

ノートン夫妻は，ストーリーズ・ゲイトに住み，彼らの庭園は，上院から数分で歩いて行けるバードケイジ・ウォークと背中合わせになっていた[3]。メルバンとノートン夫人は，何通もの親密な手紙を取り交わしていた。それによって，彼が常習的な鞭打ちの趣味の持主であることが判明した。メルバンはノートンにロンドン警察裁判所の判事職を与えていたにもかかわらず，彼は離婚を迫った。しかしノートンは，気持ちをほぐす内容の数通の手紙のほかは，何ひとつ証拠になるものを差し出すことができなかった。

若い頃のチャールズ・ディケンズは，『モーニング・クロニクル』に，この記事を書いた。そして，ノートンの弁護士をモデルにして，巡査部長のバズファズを造形し，有名な

バーデル対ピクウィックの裁判で，彼がほとんど証拠をもたずに法廷に出ているところを描いている[4]。

ノートンは敗訴，そしてメルバンは，いつまでも無罪を主張しつづけた。

〔ロバート・〕ピール以外にほかはない。ピールはローマに休養に出かけていたので，結局はウェリントンが代役として10日間ほど，あらゆる国政をあずかることになった。

ピールは選挙を行うとともに，彼の有名なタムワス・マニフェスト[5]を打ち出した。政党が，有権者に向かって政治のプログラムを発表した最初の例である。そこでピールは，彼の党を改革「保守党」であらしめることを公約したのである。これが成功を収めたことは明らかであった。保守党は100議席以上を勝ちとったのである。しかし彼らは，あらゆる面で多数を制するには至らなかった。ピールは即辞職とまではいかなかったものの，下院で6週間に6回の敗北を喫して，結局は追放されたのであった。

ウィリアム4世は，メルバンを再び呼び入れた。したがって1837年にヴィク

第7章 改革

スザンナと2人の大人（1837年）

　ウィリアム4世は1837年に亡くなり、18歳の姪、ヴィクトリアがその後を継いだ。1839年のクリスマスの日の彼女の日記には、メルバンは「わたしにとってお父さま同様に尊敬できるお方」と書きこまれていた。

　H. B.（ジョン・ドイル）が描いたこの風刺画には、若く無邪気な女王が、好色家として名高いメルバンと、パーマストンとによって、両側から付き添われている。彼女の左側が外務相のパーマストンである。皮肉にも彼らはともに世知にたけており、両人とも総理大臣として離婚訴訟に召喚されたことがあった。

妖精の女王（1838年）

　女王はピールに乗り、ピールはメルバンに曳かれ、うしろにはラッセルが控えている。H. B.（ジョン・ドイル）は、1838年に発生したなんとも滑稽な「寝室の危機」（"Bedchamber Crisis"）を、このように描出した。上院での植民地に関する論議に敗れると、メルバンは辞職を決めた。トーリー党のピールがその後を継いで、内閣を組織しようとしたが、彼はホイッグ系の女性たちを女王の側近から更迭するように迫った。それをヴィクトリアは拒否した。するとピールは辞任した。そしてメルバンの再任ということになった。そして女王とピールとの間には角がたち、女

王は常に彼を冷淡な男と見なすようになった。

　メルバンが風刺画に描かれるときには、彼の姓が"Lam"であったのに因んで、子羊として表されることが多かった。

トリアが18歳で王位に迎えられたときには，彼は首相の地位にあったのである。彼は彼女と並んで馬に乗ったり助言を与えたり，週に3，4回は食事を共にしたりして，まるで女王のお気に入りの老伯父さんの態であった。彼女は「わたしにとっては，お父さまの感じ」などと言っていた。1840年にメルバンが財政的に窮地に陥ったときには，彼女はその親切にたっぷり報いることになる。

　メルバンはガーター勲章を授与されることになったが，彼はそれを拒絶せざる得ない羽目になった。その勲章の受章には，千ポンドの支出が必要であったからだ。メルバンは，その窮状を女王に打ち明けた。女王は個人的にその困窮を切り抜けるだけの金額を都合してさし上げたのである。

訳注

(1) 腐敗選挙区（Rotten Borough）。その典型的な例がウィルトシャー，ソールズベリーのオールド・セアラムに見られた。旧来2人の国会議員が選出されていた町であったが，18世紀末には，正規の有権者わずか10名の小区に縮まった。それでも土地の権力者の金の力で旧来通りの2人の議員を国会に送り出していたのである。"Pocket Borough" とも呼ばれていた。1832年の選挙法改正法で消滅。

(2) メルバンの離婚問題。メルバンは1805年に26歳でレディ・キャロライン・ポンソンビーと結婚したが，1825年には破局を迎えた。そして彼が総理大臣の座に就いたあとには，キャロライン・ノートンとの姦通の嫌疑で法廷に召喚されたことがあった。

(3) バードケイジ・ウォーク。セント・ジェイムズ・パーク南側を東西に走る広い道で，ジェイムズ1世時代に広大な鳥類飼育場があったことからこの名がつけられた。ストーリーズ・ゲイトは17世紀に設立された門で，おそらくその建設者エイブラハム・ストーリか，あるいはバードケイジ・ウォークにあるチャールズ2世の飼鳥園の管理人，エドワード・ストーリの名に因む。

(4) チャールズ・ディケンズ『ピクウィック・ペイパーズ』第34章参照。

(5) 1830年から1850年までタムワス選出の国会議員ロバート・ピール（その間に首相二期）が1835年に，彼が選挙民に公表した政見発表は，マニフェストのはじまり。タムワスは，イングランド中部・スタフォードシャーの町名。

第8章

飢餓の40年代

総理大臣
1841年9月：サー・ロバート・ピール（二次内閣）
1846年7月 - 1852年2月：ジョン・ラッセル卿（のちにラッセル伯爵）

　18世紀の地主貴族階級出身のホイッグ党員メルバンと，ランカシャーの紡績製造業者の息子，ロバート・ピールほど対照的な2人は，他にない。大富豪の実業家は，1809年にアイルランドにおける，ある腐敗選挙区を息子に買い与えた。そしてそれから3年後にこの若いピールは，リヴァプール〔時の首相〕によって，アイルランド総督に任じられた。この地位に就いた反カトリック主義のピールは，多くの渾名の中の第一号「オレンジ・ピール」を命名されることになる。

　ピールは稀にみる有能な行政家で，実践をもってこの国の善政を押し進めることを決意した。そしてそれは，1820年代における内務大臣として着手したロンドン警視庁の設立，あるいは総務大臣として考えた国民の財政バランスの実現を通じて表された。偉大な独創的思想の持主ではなかったピールは，時と場合との状況に応じて考え方を変えた。本来カトリック解放に反対であった彼は，市民の秩序が脅かされるのを知ると，法の制定によって，その導入を容認したのであった。

　ピールは議会の改革についても反対であった。しかしその法案が通過すると，彼はそれを受け容れて，撤回を求めるようなことはしなかった。『エコノミスト』の編集者，ウォルター・バジョットは，彼のことについて，次のようなことを言っている。「彼の名前と関わりのあるすべての重要な法案に関して，彼は必ず反対を唱えて有名になったが，後になると，それらの支持者として，より以上の名をなしたのであった」。穀物条例廃止のときほど，このことが真実味をもって現れたことはない。穀物条例は，外国からの穀物の輸入を極度に制限した法律で，英国内の農産物を保護するために，1815年に制定されていた。

103

もっともらしい願いごと（1842年）

　1842年度の予算を組むに際して，ピールは個人的にその任務を担った。そして所得税を復活させた。この絵には彼がその案に反対していたパーマストンに所得税法案を差し出す場合が描かれている。1840年に「パム」は外務相として中国相手のアヘン戦争をはじめるのに主要な役割を演じた。この戦争は政府の交替期を通じて続けられ，1842年の条約で香港が英国に割譲される結果になった。そして巨額の金が中国から支払われた。この風刺画には，英国人がピールに向かって，国民に所得税の法案を押しつけたりしなくても，中国との戦争の戦利品から金をつくればいいじゃないか，と言っているところを描き出されているのである。

第 *8* 章　飢餓の40年代

女王の「7ペンス」（1842年）

　ピールはメルバンから赤字予算を引き継いでいた。政府の歳入の5分の4は，広い範囲の品々に課せられた関税や物品税から生み出されていた。ピールはこれを減らし，一方では年に150ポンドを超えるすべての所得に，ポンドにつき7ペンスの割合で所得税を導入することを決定した。かつてピットはフランスとの戦費を賄うために所得税を課したことがあった。しかしこれは1816年に撤廃された。この風刺画には，ピールが女王から所得税を徴収しているところが示されている。傍には浮かぬ顔のアルバートが立っている。

　所得税はまもなくかつての関税同様に嫌われるようになり，3年毎に改新されるようになった。ピールの辞職が近づいた頃に，彼は剰余金を生み出した。そして国債の幾分かを返済した。

　主食といえばもちろんパンで，労働者階級の支出の主要品目もまたパンであった。穀物の価格の高騰は，往々にして餓死に通じた。1836年から穀物条例廃止運動がはじまり，穀物条例反対連盟が，リチャード・コブデンとジョン・ブライトによって，1839年に結成された。集団の分裂があり，1840年代初めには収穫が若干好転したことによって，問題は幾分か押し戻されていた。

　しかしアイルランドにおけるジャガイモ栽培の失敗と，1845年の凶作は，ピールに義務をもって前進すべきことを促した。彼の支援者たちは，彼の自由貿易への傾倒は，ヴィクトリア朝の繁栄の礎になり，かつ革命を食い止める結果になったと主張した。彼自身の言葉によれば，これは「大変な惨禍を防ぐための最良の手段」であったのである。

　にもかかわらず，これは思いもよらぬ政治的惨禍を生み出した。保守党の分裂現象を引き起こしたのである——231名のトーリー党員が，穀物条例廃止案に反対票を入れていたのである。結果として彼らは，二十余年間役職から切り離されることになった。ディズレイリは，「国中に政治的不誠実を植えつけた」ようなピールのへまな遣り口について，さんざん悪態をついた。

105

政治的ペックスニフ（1843年）

『パンチ』の読者は文学的要素のある中流階級であるから，この風刺画の文学的隠喩に興味を感じたことであろう。1843年から44年にかけて，チャールズ・ディケンズは『マーティン・チャズルウィット』を書き，そこに建築家を自称する偽善者，ペックスニフを登場させた。それは「あたかも信号機に似ていて，いつも方向を指示するが，一歩も動こうとはしない男」であった。アブロ・K・ブラウン〔フィズ〕の描いたペックスニフは，喜劇的挿絵の名作だが，ここではピールの顔をあてはめて，そのコピーを仕上げた。ディケンズは小説家になる前，1830年代に議会報道記者をしていたことがあった。1830年の初め頃にピールが下院で演説をするのを，彼は聞いていたに違いないのである。彼がピールに基づいて，有名な人物を創造したのは，十分にあり得ることであった。

ピールは，冷静な沈黙を保ちつづけていた。彼は「あんなにも冷淡で，変り者」だと女王ヴィクトリアは，1839年の日記に，そっと書き記している。ダニエル・オコンネルはもっと刺激的な口調で「彼の笑顔は棺のプレイトに似ている」と言った。しかし彼を最もひどく痛めつけたのは，下院の雄弁家たちであった。

1841年には『パンチ』が活動をしはじめた。そしてその代表的な政治風刺画家，ジョン・リーチは，大物の政治家としてのピールを描いている。しかし写真が登場する前の時代にあっては，彼の全貌を知っている人はごく少数であった。この事実が彼の生命を救った。ピールを狙っていた何者かが，彼と間違えて彼の秘書を殺害していたからである。

グラッドストンの見解によれば，ピールは19世紀最高の首相であった。工業都市の貧困者たちは，1人のチャンピオンを得たのである。彼がコンスティテューション・ヒルで[1]落馬の事故に遭って死んだとき，『パンチ』は記念碑としてパンのピラミッドの風刺画を掲載した〔109頁の図〕。1846年に穀物条例の廃止案が，野党のホイッグ党の支援を得た「ピール法」保守党によって，議会を通過した。同じ夜に〔国会は夜間に開かれていた〕ピールは別の議案に破れて，

第8章 飢餓の40年代

辞職した。実は，彼にはそれ以上保守党を束ねる力が残っていなかったのである。1832年の選挙法改正のキャンペーンで有名なジョン・ラッセル卿がその後を継いだ。

ラッセル卿は生粋のホイッグ党員と呼ばれる最後の総理大臣であった。彼は1688年の〔無血〕革命を支持した偉大な一貴族階級家族の出身で，このことが何よりも大きな影響を彼に与えた。彼は一般市民の自由を熱烈に愛し，1度改革が国会を通過したにしても新たに選挙権を付与された中産階級は，彼自身の場合と同様の貴族に対して，やはり最高の座をもたすべきだと，信じていた。彼は社会的改良の構想についてはほとんど関心をもっていなかった。しかし国会の改革を継続的に行うことによって，事態は改善されるということを盲信していた。

若いガリヴァーとブロブディグナグ[2]
総理大臣（1845年）

ディズレイリはピール内閣に何か職をもらえないかと打診してみた。しかし何ひとつ与えてもらえなかった。そこで彼は悪意剥き出しのピール批判者になり，下院では皮肉たっぷりの平然とした表情で，辛辣に攻めこむのであった。1845年に彼は，ある演説を次のように締め括っているのである。

「もしその気なら，貴殿が裏切った議会を解散して，私の信ずるところでは，もはや貴殿に対して不信感に満ちた国民に訴えるもよし。私にとっては少なくとも，保守党政府が組織的偽善の固まりであるという私の信念を，かくの如く，公衆に知らしめる機会が残っているのです」。

107

猟犬に追い詰められた雄鹿（1846年）

ここでH. B.（ジョン・ドイル）は，ランシアの有名な『追い詰められた雄鹿』を使って，ピールが彼自身の党における指導的な立場にあったベンティンクとディズレイリによって窮地に追いやられるのを表現した。

ベンティンクは18年間国会議員を務め，1841年にはピールによって役職を提供されたが，彼は競馬にのめりこんでいて，時間的ゆとりがなかった。しかし彼はそれを断念してピールと戦った。ベンティンクは，金銭的ゆとりがなくて，田舎の地所，バッキンシャーのヒューエンデンを買えずにいたディズレイリを助けて，彼を地方郷紳に仕立て上げた。そして2年後に彼は急逝し，下院における指導権をディズレイリに遺した。ウェリントンはピールに対抗しての共同態勢は，「ごろつき同盟」だと言った。だが，それが成功を収めたのである——雄鹿が倒れて命を落としたあと20年間，トーリー党は，荒野にくだる結果になったのである。

　ラッセルは背丈が非常に低かった。1831年頃には早くも風刺画家たちは，このことに目をつけて楽しんでいた。偉大なホイッグ党員であり，機知で知られたシドニー・スミスは，手紙にこう書いたことがある。「私はエクセターで，ジョン・ラッセルと出会いました。道行く人たちはみんなが，彼の背が低いのにとても失望しているようでした。そこで私は言ってやりました。議案が否決されるまでは，彼も大きかったのです。ところがその頃から国民のために余りにも心配しすぎて，背丈が縮んでしまったのです。それを聞いて，彼らは眼に涙を浮かべておりました」。

　ラッセルは小さなテリア犬，ジャック・ラッセルにも似ていた。その観点から彼を描いた風刺画家たちもいた。1846年から1868年までが下院全盛の時代であった。適当に組織化された党毎のまとまりをもたずに議会で投票を行うとすれば，法案提示の度毎に，その支持者は，戦略を考えるのにもたつかねばなら

第 *8* 章　飢餓の40年代

『パンチ』が建てたピール記念碑（1850年）

　1850年に，ピールは，馬に乗ってコンスティテューション・ヒルを走っている途中に投げ出されて，肺をつぶされた。その痛みの中で，彼は 3 日間を持ち堪えた。

　彼の死後，記念碑を建てるための募金が全国で行われたが，『パンチ』は，ここに見るような，「貧者に贈るパン」の記念碑をもってページを飾った。1846年の議会論議の中でピールは，穀物法を廃止することにより「保護」を放棄したことを述べるに際して，彼の有名な U ターン論法を取り出した。「私は『保護』を求めて大騒ぎをして止まない単細胞的人間全員が忌み嫌う，ひとつの語を残すことにした……しかし私が残したい一語は，時によると額に汗して労働に励んで日々のパン代を稼がねばならない運命におかれた人びとの住家で，善意の表情をもって想い起こされる一語である。特に彼らが，税金のかからない食物で腹を満たし，消耗しきった力を回復できるのであれば」。

なかった。ディズレイリは，このようなやり方に否定的であった。そして各法案が考えられ，作り直され，形を変えられ，繕われ，舗装され，色を塗られ，上部を飾られ，そして消えて無くなるのだ，と言っていた。

　ラッセルは，保守党の両翼と共通と嫌悪を抱いたままで，首相の座に就いていた。一方には自由貿易を支援し，地方と地主たちを代表する保護貿易論者たちに反対の立場を取るピール主義者たちがいた。そして1840年後半には，ベンジャミン・ディズレイリが下院における保守党の指導者になった。ディズレイリは彼の小説と，劇場型の弁舌を駆使して，すっかり弱体化していた保守党に新しい士気を吹きこんでいた。

　ラッセル内閣内で最も強力だったのは，外務相のパーマストン子爵であった。彼はほとんど自力に頼って英国の外交政策をこなしていた。1851年，彼は後にナポレオン 3 世になるルイ・ナポレオンによるクーデターを後押しした。ラッ

政治経済，または，ピールの服を着たジョン卿（1846年）

ジョン・ラッセル卿の背丈の低さは，風刺画家たちにとっての絶好の材料であった。彼は政治家としての姿勢もピールに及ばなかった。一片のへぼな詩が，彼の距離をおいた冷淡さを要約しているように思える。

好き嫌い，彼はそんなのに目もくれず，
欲しいのはただあなたの票のみ，
愛情などは露ほども，
でも人の心もムギ同様陽光が必要
寒さばかりじゃ票も台なし。

チャーター（人民憲章）（1848年）

人民憲章を通じて次の六項目から成る改革を獲得するために，労働者階級が運動を起こした。──成人男性の普通選挙，年次国会，国会議員の給与支給，無記名投票，選挙区の平等，議員財産資格制廃止。この運動は1848年，ヨーロッパにおける革命で有名になった年に最高潮に達した。ラッセルはこのような圧力に抵抗した。彼はロンドンにおける大集会を禁じ，軍隊を呼び入れて警戒させた。チャーティスト運動は線香花火のように燃え尽き，改革は少しずつ実現した。結局はウェリントンが言った通り，イングランドの国民は「とてもおとなしかった」。しかしその当時の『パンチ』は持ち前の急進的な趣向をなくしていなかった。チャーティストたちを好んでいたのである。

第*8*章 飢餓の40年代

セルはそれに耐えることができず，パーマストンを免職に処した。2か月後に
パーマストンは，ラッセルに対する反対派からの辞任動議に賛成票を入れるこ
とによって，怨みを晴らした。

訳注

(1) バッキンガム宮殿とグリーンパークの間にある並木道。乗馬用の砂利道が東西に
つづいている。チャールズ2世がこの道を健康のための（constitutional）道にし
ていたことから，この名で呼ばれるようになったといわれる。

(2) ブロブディグナグ。ジョナサン・スウィフトの『ガリヴァー旅行記』（1726）第
二部の「巨人国」の名前で，ブロブディングナグ（brobdingnag）とも表記されて
いる。

第9章

無政党政府

総理大臣

1852年 2 月：第十四代ダービー伯爵

1852年12月：第四代アバディーン伯爵

1855年 2 月：第三代パーマストン子爵

1858年 2 月：第十四代ダービー伯爵（二次内閣）

1859年 6 月：第三代パーマストン子爵（二次内閣）

1865年10月：ラッセル伯爵（前ジョン・ラッセル卿）（二次内閣）

1866年 6 月 – 1868年 2 月：第十四代ダービー伯爵（三次内閣）

ラッセルの後には，保守党のダービー伯爵がつづいた。彼の父親は，息子の21歳の誕生日に，ストックブリッジ〔ハンプシャー〕腐敗選挙区を買い与えた。それから彼はホイッグ党の国会議員としてグレイ内閣のもとで勤めた。しかし彼はトーリー党に移り，強力な自由貿易反対論者の一員になった。その一方で彼はランカシャーにある大きなカントリー・ハウス，ノーズリーで狩猟，競馬，そして『イーリアス』の相当の名訳の執筆に耽りながら，多くの時間を費した。総理大臣を務めた人でホメロスの研究に熱心であったのは，ダービー 1 人だけではなかった。チャタム〔大ピット〕は，彼のために『イーリアス』を読んで聞かせていた小ピットの腕の中で死んだ。グラッドストンはいつもホメロスを拾い読み，彼のことを書物にまとめている。ダービーと親しかったブルワー・リットンが綴った詩行は，人びとの心に染みこんでいる。

聡明な首長，並はずれの偉大さ

率直，傲慢，猛勇，雄弁さながらルーパット[1]。

1852年，ディズレイリは，大蔵大臣に任命されて仰天した。彼は財務に関してまったく無知だからといって，固辞した。それに対してダービーは答えた。「でもあなたは，キャニング程度なら知っているはず。数字のことなら皆が教

保護巨人（1852年）

　ラッセルの敗北に伴い，ダービーとディズレイリとが組んで組閣を試みた。しかしそれは，わずか2か月間，12月までしかもたなかった。この風刺画は，ダービー政権は2つの頭をしていたことを表している——自由貿易反対を放棄しようとしているディズレイリと，経済の何たるかを実際に理解できなかったダービーとであった。

　人々が言うところによると，トーリー党は州においては保護貿易論者，小さな町では日和見主義者，市内では自由貿易論者であった。結果として2つの頭をもつ巨人は，自由貿易の要塞に攻め入ることができなかった。今やその防衛者はかつての政府の指導者ではなくて，1度も入閣の経験をもたないリチャード・コブデンであったのである。

第9章　無政党政府

もう1度引っ叩け！味方はいないから！（1852年）

　ディズレイリは彼が組んだ予算案に，家屋税を増やして所得税を据え置くことを提案した。かなり急進的な雑誌として存続していた『パンチ』は，比較的貧困な層には特に重くのしかかる増税に反対であった。この風刺画には，首相のダービーが大蔵相ディズレイリに向かって，その当時にはおそらく投票権をもっていなかった，貧乏な教会労働者を叩くように発破をかける姿が描かれている。
　ディズレイリは，午前1時まで5時間の熱弁を振るって，彼の予算案を提示した。ディズレイリは，盛大な拍手を受けながら着席したが，グラッドストン——19世紀を通して最も有能な大蔵相であった——がすかさず立ち上がり，切れ味のいい弁舌をもって，これをやっつけた。午前4時に採決が行われた。結果は，政権側の負け。そこで内閣が再編されて，グラッドストンが大蔵相に任じられた。そして，忽ちに2人は犬猿の仲となった。
　大蔵大臣が入れ変わった場合に，新任者はダウニング街11番地に入り，前任者から家具を買い取る習慣になっていた。しかしグラッドストンはこれを拒んだ。国がディズレイリから家具を買って，その一切を整えるべきだというのが，彼の主張であったのである。ディズレイリの方も大蔵大臣の衣服を相手に譲ることを拒んだ。その衣服は本来ピットが所有していたもので，ディズレイリは，グラッドストンがそれを着用するのを見るに堪えなかった。

115

アバディーン――首相，アル…公の面前でライオン調教（1854年）

　アバディーンは『ザ・プレス』誌の中でディズレイリからひどいことを言われたことがあった。「彼の態度は，横柄だが臆病で，話す言葉は傲慢でも，どこかぼやけている。そして彼の政治的後援者たちからさえ顰蹙を買っている」。

　社会の底辺の街角で売っているブロードシート[2]の中には，民衆にこう呼びかけるのもあった。

「そうだ，われらが勇士たちは
　暖かい露営に閉ざされて死んでゆく
　ロシアの粗雑な露営を
　撃ち破ることさえできぬ間に
　額にしわ寄せて人びとは問う
　〈わが将軍らは何をなす気ぞ？〉
　彼らが胸の底の底で呪うのは
　〈あの臆病者のアバディーン！〉」

　サクソン（おそらく偽名）によって描かれたこの風刺画には，英国のライオンの口の中に頭を入れたアバディーンが描かれている。ライオンの尻尾には"Public Opinion"（公衆の意見）の文字が映っている。総理大臣は思っている。「もしライオンが尻尾をひと振りすれば，わが身はもうおしまいだ」。

えてくれます」。このような短い行政問題についてのやりとりは，ウェリントン公爵以来「誰，誰政権」として知られていた。人一倍難聴がひどかったウェリントンは，閣内で人の名前が出てくる度毎に，その名を聞き返すのであった。――「え，誰？　誰だって？」と。そしてその中には，ふだんから影の薄い人物も含まれていた。

　ダービー内閣は，ディズレイリの予算編成が原因となって敗北した。それには所得に対する増税が含まれていて，グラッドストンから猛烈な反発が浴びせ

られた——大物同士の最初の大衝突であった。風刺画家たちは，宝冠をかぶり眼鏡をかけているダービーをよく描いていた。彼らは「ジョッキーとユダヤ人[3]」として知られていた2人のトーリー党の巨頭を対照させるのを大いに面白がっていた。

1852年にダービーの後を継いで，68歳のアバディーン伯爵が首相になった。アバディーンは，自由党[4]とピール党との連立内閣〔1852〕を組織したことがあった。彼は常に黒い服を着用して，陰鬱な雰囲気を感じさせていた。彼は悲劇的に不幸な人生を送っていた。彼の最初の妻が結核症で若死し，3人の娘たちも同じ病気で死んだ——その中の1人は彼自身の腕の中で。

彼はピットとナポレオンの両人を見たことがあった。ワーテルローの戦いへと行きつく戦争を目のあたりに見た彼は，心底から戦争に反対であった。だが不運にも彼は，英国がクリミア戦争に突き進んでいた頃に，ダウニング街10番地に入る〔つまり首相になる〕運命にあった。ロシアは，広い範囲に版図を延ばしていたオスマン帝国が崩壊しはじめると，その一部を獲得することに関心をもった。英国人の多くがロシアを，彼らにとって恐るべき競争相手だと見なすようになり，さらにロシア熊[5]は，インドに対しても陰謀を抱いているのだと思うようになった。

クリミアから送られたウィリアム・ラッセルの報道が『タイムズ』に公表されると，山のような失態・失策が，それによって明らかにされ，惨憺たる結果をもたらした。英国の宰相の歴史の中で，ジャーナリストによって総理大臣が退任に追いやられたのは，唯一このときだけであった。「古老の愚人」と呼ばれていたアバディーンは，もとより勇気をもって戦争態勢に臨める首相ではなかったので，支持率は大変低かった。1855年に下院では，戦争遂行に向かっての探求組織を設置するための決議が行われた。

アバディーンが辞職し，パーマストンのための道が開かれたが，彼も70歳の老人であった。ジョン・ブライトは，パーマストンに総理大臣になってもらうために，5万人の英国人が死んだと，コメントをくだした。

その頃になると，毎週定期的に『パンチ』誌上に風刺画が現れるようになり，主だった政治家たち（ポリティシャンズ）が〈ステイツメン〉として描かれるようになった。パーマストンは，乗馬姿でフェンスを飛び越えるなど，通常逞し

117

い人物として登場する。一方アバディーンは，何をしてよいか分からずにいる老婦人として表象されている。

パーマストンは，40年の閣僚生活を経験したあとに総理大臣になった。彼は実に際立った政治家人生を送った。たとえば1807年から1852年までの間で，彼が関与しなかったのは，ただ2回の長期政権のときだけであった。しかしディズレイリは彼の人物を次のように評している。パーマストンは「ペテン師で，疲弊しきっている，せいぜいのところジンジャー・ビール止まりで，シャンパンは駄目。今では老いぼれのパンタローネ。まったく耳も聞こえなければ眼も見えない。そして歯は総入歯。喋るときはすぐに止めるか遠慮するかしないと，歯が口から飛び出す」。

パーマストンの対外政策は，いかにも簡単であった。1848年に彼は下院で言った。「英国の利益の伸長こそが英国の外務大臣の目的でなければならない」。彼にとって常に英国が第一。もし必要とあれば，彼は小型砲艦を出動させて，わが帝国の利益を保護せねばならない。パーマストンは特定の党に属したことはなかった。そこで彼には，「キューピッド卿」，「パミス〔軽石〕卿」といった渾名がついていた。

彼の人生の終末が近づくにつれて，パーマストンは，イングランド人の典型として広く見られるようになった。そして「オールド・パム」として親しまれた。のちにグラッドストンは，パーマストンと，彼を持ち上げようとした，あるフランス人との出会いに関する物語を語っている。「もしわたしがフランス人でなかったら，イギリス人になりたいのですが」，これに対してパーマストンは答えた。「不思議なことですね。わたしがイギリス人でなかったら，わたしはイギリス人になりたかったことでしょう」。

10番地でのパーマストンの居住期は，ダービーが首相になった1858-59年の1年間で途切れた。ダービーは議会改革の問題——パーマストンにとってはほとんど関心のない問題であった——に乗り出していた。パーマストンは，英国憲法は世界一だと信じていた。君主を土台にして，国内最大級の地主たちを擁する1つの議院と，男性人口の5％によって選ばれた，第2の議院[6]とでそれは構成されている。彼の最後の政府は，時の大蔵大臣で，やがて自由党を牛耳ることになるウィリアム・グラッドストンによって支配された。しかしパーマ

118

第9章　無政党政府

運転中の人に声をかけないで（1855年）

アバディーンは風刺画家たちの手にかかって，ひどい目に遭っていた。クリミア戦争でものんびりと他人事のように構えていたアバディーンに，彼らは容赦なく飛びついていたのである。アントニー・イーデンのように彼は，強力な首相のもとでは，外務大臣として有名であった。——因みに彼の場合の首相はピールで，イーデンの場合はチャーチルであった。しかし彼ら自身が国民の指導を要望されるようになるまで生きのびることはできなかった。

この風刺画の作者はジョン・リーチ。リーチは本来社会や狩猟を主題にした風刺画で知られ，彼自身もその路線での活躍をはるかに好んでいたが，『パンチ』に300点を超える政治風刺画を描いた。毎週パンチ・テーブルを囲んで会合が開かれ，そこで政治風刺画の路線に関する意見がまとまると，リーチは外に出て，それに則した仕事に取りかかるのである。彼が彼自身のアイデアを活かしたのは，10回程度であった。

キューピッド（1838年）

パーマストンをキューピッドに見立てて描かれたこの絵は，1830年代に刊行されていた『フィガロ・イン・ロンドン』という風刺画週刊誌に掲載されたものだ。彼一流の執拗な色事師の習性を表象した，珍しい風刺画である。

1839年，55歳での結婚間近というときに，パーマストンは，ウィンザー宮殿で女王の侍従女官の1人，ブランド夫人に心を奪われて，彼女の部屋へ忍びこんだ。彼女は抵抗し，女王に告げた。パーマストンの義理の兄メルバンがそのスキャンダルをカーペットの下へもみ消さねばならなかった。パムの幸せは，無事にもとに戻った。

「好きなもの」を秤にかければ（1855年）

1850年代にヴィクトリアとアルバート〔ヴィクトリアの夫〕との仲が悪くなった。しばらくの間パーマストンは，アバディーン内閣の内務大臣を務めたが，アルバートは，パーマストンを排除するように助言したばかりでなく，彼について悪意の噂を広めたりもした。1855年にアバディーンが辞職すると，ヴィクトリア女王は，他の4人の大臣に組閣の意向を打診したが，応じる者は1人もいなかった。それで渋々ながら女王はパーマストンを呼び寄せた。さすがのアルバート公さえこれを止めることはできなかった。パーマストンは兄宛ての手紙に，「今のところ，私はなくてはならない人物になっております」と書いていた。

1855年には彼は70歳になっていたが，何をするにも体はぴったり当てはまっていた。彼の好みは政治に女性に馬。ここに掲げた風刺画は，彼のスポーツ熱をよく表している。1860年に彼はダービーの出走馬をもっていて，賭けでは3位に入ったことがあった。そしてパム自身がピカデリーからエプソム競馬場まで馬を走らせて，レースを見学した。彼は勝ったことはなかった。彼のトレーナー，デイ

が国会の下院へ訪ねてきたときには，パーマストンは，アイルランド問題の討論を中断してロビーに出て彼に会った。パーマストンが2度目の首相に就任して，デイからお祝いを受けたとき，彼は「やあ，ありがとうジョン，わしはダービーに勝ったのさ」と答えた。

78歳になった彼は，ピンク色のハンティングとジャケットを新たに購入した。そしてのちには，ドーセットのポーツダウン・ヒルを馬で乗りまわして，80歳の誕生日を祝った。

ストンは，グラッドストンの破壊力を恐れていて，やがてトラブルが発生するに違いない，と言っていた。「あれは危険な人物で，きっと暴走するようになるだろう」。

パーマストンは，ヴィクトリア朝の総理大臣の中で最も派手な人物の1人であった。19世紀初期の20年間におけるロンドン随一の社交クラブは，オールマックスで，その会員は女性によって指名されるしきたりになっていた。「オールド・パム」は，ここへくるとくつろげるのであった。というのも，女性パトロン7名のうち3人が，彼の情婦であったからである。その中には，若くて美人で有名なレディ・ジャージーが含まれていた。若き日のメッテルニッヒの情

第9章　無政党政府

"DIP-LOMACY"〔外交術〕のレッスン（1865年）

これは，パーマストン最後の風刺画のひとつであり，おそらくは水泳用のトランクス姿の総理大臣像を映した最初の例である。

この絵は80歳にして元気旺盛なパーマストンを表す。ひとつの選挙に勝利して海水につかるところである。

ちょうどその頃にラッセル伯爵になり，外務大臣に任じられたばかりのジョン・ラッセルには，パムの逞しさや華々しさはなく，彼の奥深さから離れようとあがくだけであった。13年前にラッセルが，外務大臣としてのパーマストンをクビにしたが，何か月も経たないうちにパーマストンは，下院でのラッセルの敗北を仕組んでいたことを，読者はご記憶であろう。——有名なしっぺ返しであった（本書111頁）。

婦であったリーヴェン伯爵夫人や，メルバンの妹もいた。パーマストンはのちに50歳になって，同じく50歳のこの妹と結婚した。その当時の高級娼婦の1人，ハリエット・ウィルソンは，パーマストンが何のためかは一言も言わずに，彼女にお金をくれたことを書き記している。彼は事実「キューピッド卿」であったのである。

1863年，80歳のときにパーマストンは，離婚訴訟で法廷に召喚された。告訴したのはティモシー・オーケインという名の女性で2万ポンドの賠償を請求した。これはまさに駄目元式の冒険で，グラッドストンは，この出来事を非常ににがにがしく思った。しかしディズレイリは，「オールド・パム」のためには，これはきっとよかったに違いないと思っていた。

訴訟が却下されると，法廷内には歓声があがった。そして数か月後に総選挙が行われたときには，パーマストンの得票数は，いつもの多数よりさらにはね上がった。機知に富んだ人は言った。「われわれは皆がケインがどんな女かわかったが，パーマストンも同じようにわかっただろうか？」

選挙で勝利を得てからまもなく，1865年にパーマストンは死んだ。ヴィクト

121

政治的子どもの連れ去り（1867年）

ダービーは，ラッセルから幼児「改革」を拉致し去った。8か月後にダービーは3度目の内閣を組織した。1867年2月に行われた女王の演説には，「政党間の均衡を著しく損なわない限り，選挙権拡張」の法案提起はあり得ることが示されていた。

リア女王は，ラッセルに組閣を要請した——彼の3度目の内閣である。1年間に選挙改革案に躓いて，彼は辞任に追いやられた。ラッセルは，有権者数を40万人に増員する案を提示していた。それが余りにも急進的だということで保守党はこれに反対票を投じたのである。

それでダービーは彼の3度目の内閣を組織したが，ここでも，選挙法改革の問題が浮上した。それは今や重要な政治問題になっていて，全国至るところで，論議の集会が開かれていた。結果として第2次選挙法改正が行なわれ，下院ではディズレイリがその舵取りをすることになった。皮肉にもこの法改正は，以前に廃案になったどの法案よりも急進的であった。有権者が大幅に増やされ，多くの選挙区で労働者が投票者として圧倒的に多数を占めるようになったのである。ダービーは，この現象を「暗闇の中の跳躍」と称した。

訳注
(1) ルーパット（ドイツの選挙侯）。ボヘミア王フリードリヒ5世の息子で，英国のピューリタン革命（1642-49）のときに，自分のおじであるチャールズ1世を援助。引用は，ブルワー・リットンの詩『新たなタイモン』（1846）より。
(2) ブロードシート。広い紙の片面に印刷された読物。ヴィクトリア時代には殺人や刑罰など，センセーショナルな実話をバラッド形式に組立てて，街頭で売られた。
(3) ジョッキーとユダヤ人。「ジョッキー」は競馬騎主だが，競馬からダービーを連想し，「ユダヤ人」はもちろんディズレイリを指している。

第 9 章 無政党政府

暗闇の中の跳躍（1867年）

　ダービー最後の内閣においてディズレイリは，彼の選挙法改正案の主要な案件として，戸主選挙権を導入した。そもそも彼が改革の問題に深い関心をもったことは一度もなかった。むしろその分野から多くのことを除外することを提案していたのである。5月に，政府の指導的人物の1人であったソールズベリー侯爵と，ほか3人のトーリー党員が辞職した。政府ないしは法案に不満があったことは明らかであった。ディズレイリは除外の数を削減することをもってこれに応えた。その結果，100万人を上回る選挙民が増やされた。これはもっと早い時期にグラッドストンが提示した案の2倍に相当する。しかもディズレイリは，その案に反対票を投じていた。

　この成り行きを，ダービーは「暗闇の中の跳躍」と名づけた。

　ディズレイリは，これら新しい有権者たちは保守党へ向かうはずだと，漠然と予想していたことであろう。というのも，彼は長いあいだ労働者階級に関して，ある種のロマンティックな見通しをもっていたからである[6]。しかし彼は，今の彼の狙いが「ホイッグ党を出し抜くことだ」と言った，1人の自由党指導者の見通しを一言も否定しなかった。1860年初期に普通選挙へ転向したのはグラッドストンであった。にもかかわらず，彼の大物ライヴァルのディズレイリがその方向に向かって重要な一歩を踏み出したというのは，歴史の皮肉としか言いようがなかった。

123

⑷　自由党。19世紀半ばにホイッグ党から発展した党で，ラッセルはホイッグ全体を
　　自由党と称するようになっていた。グラットストンがその代表となった。

⑸　ロシア熊。熊は擬人法的にロシアを表す。英国の場合はライオン。

⑹　小説家としてのディズレイリは，たとえば『コニングスビー――新世代』（1844）
　　や『シビル――二つの国民』（1845）において，貴族階級と一般の国民の間に自然
　　の協調が成り立つという彼のロマンティックな保守思想を抱いていた。

第10章

ディズレイリとグラッドストン

総理大臣

1868年2月：ベンジャミン・ディズレイリ（一次）

1868年12月：ウィリアム・ユーアット・グラッドストン（一次）

1874年2月 - 1880年4月：ベンジャミン・ディズレイリ

（ビーコンズフィールド伯爵，1876年）（二次）

　ダービーは痛風のために足が不自由になって，1868年に辞職した。その後を受けて数か月間だけ，ディズレイリは首相の座についた。前年に選挙法改正が施行されたとあって，有権者は大幅に増えていた。その後につづいて行われた総選挙では，グラッドストンの率いる自由党員が百人以上の多数にのぼった。

　グラッドストンは学者としても秀でていて，古典や神学に造詣が深かった。審判の日には，神の前ですべての思想，すべての行いを弁明してみせねば，と彼は信じていた。公職にあった61年間の中で彼は大蔵大臣を12年間，そして首相を14年間務めた。

　1868年から1874年までのグラッドストン最初の政府は，19世紀における際立った改革的政権のひとつであった。フォースターの教育法によって，全国に初等教育の基礎が敷かれた。そしてカードウェルの軍事改革は，軍人の階級売買を禁止した。政府もまた無記名投票制を取り入れ，労働組合の法的基盤を堅固にした。そしてアイルランド教会を廃し[1]，コモン・ロー〔慣習法〕とエクィティ〔衡平法〕とを融合させた。

　しかしグラッドストンは，下院での管理ぶりがお粗末であった。そして1874年頃になると彼の内閣は，ひっきりなしに法規を作り出すことによって，多くの集団や利益団体を煩していた。そして政府は疲労を来たした。2年前の1872年にすでにディズレイリは，次のような辛辣な，そして記憶すべき文章をもって，グラッドストン内閣に酷評を浴びせた。

遂に！（1868年）

1868年ダービーは辞職すると同時に，後任にはディズレイリを首相として招聘することを女王に具申した。ディズレイリは大喜びで，祝ってくれた人たちに応えて言った。「はい，私も遂につるつるの棒の頂点まで昇りつきました」。

「大臣諸氏を見るにつけて私は，南アメリカの海岸で頻繁に見かけるさまざまな海浜風景のひとつを想い出す。あたりには弱り切った火山が峯を連ねている。生命力のない山頂には一条の火炎さえ見えない。しかしながら状況には今なお危険を感じさせるものがある。時折りに地震が起こり，くり返し暗い波の響きが聴こえるのだ」。

第10章　ディズレイリとグラッドストン

2人の批評家（1870年）

　ディズレイリとグラッドストンは，両者ともに多作の文筆家であった。1869年から70年にかけて，グラッドストンは，『つわもの——英雄時代における神と人間』を書き，ディズレイリは小説『ロウセア』を書いた。グラッドストンの著作は，20冊に及ぶ——神学論7，政治論5，ホメロス論4を含む。ディズレイリは小説13，歴史書4を書いた。

　1864年にテニエルは，ジョン・リーチに代わって，『パンチ』における政治風刺画の中心となり，以後36年にわたって，その地位を保っていた。そして週毎に彼は，際立って意義深い政治風刺画の傑作を生産しつづけた。それはひとつの慣例になった。人びとがこれに注意をひかれたのは，そこに国民的なムードが要約されていたからである。テニエルのスタイルは，やや堅くて形式的であった。しかしそれは，彼の同時代や後進の人たちによって，さかんに模倣された。言うまでもなく

テニエルは，『不思議の国のアリス』の挿絵画家として有名だ。これは他の多くの風刺画家たちにとって，実り豊かな模倣の領域であったのである。

　政治は実質的に変わった。その頃には，政党が2つ——保守党と自由党——にはっきり分割されていた。それぞれの党が専門的・職業的に組織されたのである。そして各党は，独自の政見をもち，有権者大衆にそれを訴えるようになったのである。ディズレイリは，保守党の最初のナショナル・エージェントを指名し，それによって中央事務局が設立された。そして自由党も同様の組織体をもつようになった。20世紀の政治的な枠組が整えられたのである。

　グラッドストンもディズレイリも鉄道を利用しての選挙運動に乗り出し，マンチェスター，バーミンガム，ニューカースル，エディンバラ等の大都市で大規模な集会を開いた。大方の先人たちと違って彼らは全国民に顔を知られるようになった。彼らは『パンチ』その他の新聞雑誌を通じてだけでなく，写真からも知られていたのである。

　1874年の選挙により，70歳のディズレイリが，2度目の総理大臣になった。そしてさらに法律と労働組合の改革が進められた。職人・技師の居住所法，食品及び薬品販売法，それから公衆衛生法がすべて主要な法案となり，それらは

季節の麗人（1874年）

　反ユダヤ主義は，ヴィクトリア朝英国においても，決して無縁ではなかった。ディズレイリが，汚れたギャバジンの古い服を着て媚びへつらうシャイロック[2]として描かれるのは，何度も見かけることであった。ここに見る風刺画は，1874年にディズレイリが首相になったときに現れたもので，彼のユダヤ人的容貌と長い鼻が仰々しく誇張して描かれている。もっと洗練された批評家の中には，彼と彼の政治性を「オリエンタル」と呼ぶ人もいた。にもかかわらず，彼は少数異民族の一員としてのおびただしい不利を乗り越えて，保守党総裁と総理大臣の二重の地位に到達したのである。

エジプトのモーセ！！！（1875年）

　スエズ運河が1869年に開かれた。これによって英国からインドへの旅が数週間短縮された。1875年には運河の運輸量の5分の4が英国によって占められた。出資の面で最も多額を占めたのはフランスの大企業家たち，あるいはフランスの技師フェルデナンド・ド・レセップスであった。そしてその残りを受け持ったのがエジプト副王ヘディーヴであったが，彼は破産に陥り，それを売却せざるを得なくなった。

　ディズレイリは，それをフランス側に買いとらすべきではないと決心して，自らが買うことに同意した。国会は開かれていない時期だったので，通常の方法での出資は不可能であった。そこでディズレイリはロスチャイルド男爵に400万ポンドの借金を申し入れた。「金が必要なのはいつですか？」と男爵は訊ねた。「明日です」「担保には何を？」「英国の政府です」「承知しました。お出ししましょう」。交渉の大成功と見事な投資のひとこまであった。

第10章　ディズレイリとグラッドストン

古い冠に新しい冠[3]を（1876年）

　ディズレイリとヴィクトリア女王との特別な関係は，1868年に彼が最初に短期間の首相に就任したときにはじまった。ヴィクトリアは日記に次のようなことを書き記している。「彼は詩とロマンスと騎士道に満ちている。彼がひざまずいて，両手でわたしの手をとってキスをするときには，『忠誠と信仰とに愛をこめて』と言った。」ディズレイリは，彼自身の言い慣れた格言に従っているようであった。──国王への忠誠とくれば "Lay it on with a trowel." (むやみにほめあげてへつらう）の格言が出てくるのである。

　ディズレイリは，スペンサーの『フェアリ・クイン[4]』に因んでヴィクトリア女王を「フェアリ」と呼んだ。そしてヴィクトリアは，彼が一人称を使って彼女宛に手紙を書くことを許容した。女王をスエズの東方の広大な大陸の女王に仕立てることは，ディジー〔ディズレイリ〕のロマンティックな，東洋的情感

にとって誉れ高いことであった。女王もまたこれを喜んだ。同じ年の終わり頃にディズレイリは，ビーコンズフィールド伯爵に叙せられた。──甲の善行は乙の善行に値する[5]。

　ヴィクトリア朝イングランドが変容して，一段と近代化する助けとなった。グラッドストンの率いる自由党内閣と，ディズレイリの率いる保守党内閣の影響が，引きつづき変化の過程をつくり出したのである。

　ディズレイリとグラッドストンとの相違点は，国際的問題にあった。ディズレイリは，ヨーロッパや帝国の諸舞台で華やかな活動を演じる決意を固めていたからである。1876年にディズレイリは，ヴィクトリアをインドの女帝にまつりあげた。それはただの仰々しい空虚なものであったのではなくて，英国はいかなる脅威に対しても，インドにおける利益を護り通すということを，ロシアに向けて明白に通告したものであった。「東方問題」が，政治の主軸になったのである。本質的にいえば，「東方問題」はクリミア戦争の場合と同様に，崩壊しつつあったオスマン帝国がどうなるかに関わっていたのである。ディズレイリは，ロシアが戦略上重要な部分をそこからひったくるのを阻止することに決意を固め，彼の政策はトルコを奮い立たせることであった。

　グラッドストンは，1875年に自由党の党首を辞任していた。しかしバルカン

129

木こりよ，その木を倒さないで！
（1877年）

　グラッドストンは，ブルガリア在住のキリスト教徒に対するトルコ人たちの暴虐ぶりにがくぜんとして，「ブルガリアの恐怖と東方問題」というパンフレットを携えて，国政に戻った。その中には，トルコ人は，「家財一切を取りまとめて，」即刻領地から追放されるべきだということを強調した有名な一節が含まれていた。彼はある友人に言った。「情熱なしに政治の世界でよい結果を収めることは，滅多にあり得ない」。
　テニエルのこの風刺画は，下院において2時間半に及んだグラッドストンの演説を記念して描かれたものである。最初のうち，下院は空っぽの状態であった。それがしばらくすると，彼の熱弁に引きつけられた聴衆で，下院は埋まった。のちに総理大臣になる若き日のアーサー・バルフォアは，その夜のグラッドストンの雄弁は，まさに未曾有のものであった，と言った。
　グラッドストンのこのキャンペーンは不評を招いた。国内では反ロシア，親トルコの風潮が強かったからである。その頃の大衆のミュージック・ホールの歌を通じて英語には「ジンゴー[6]」の一語が付け加えられていた。

おいら戦争はいや，でもジンゴー，
　戦争となれば
軍隊があれば，戦艦もある，
　おいらには金もまたある——
前にゃ熊が相手の戦争もあった，
　おいらが真の英国人である限り，
ロシアにコンスタンチノープル取られて
　なるものか！

　時が経つにつれて多くの国民が次第にグラッドストンの見解に同調するようになった。

ベルリン会議（1878年）

ここにあるのはフランスの政治風刺画でベルリン会議に参加し，「名誉ある平和」をもって帰国したビーコンズフィールド〔ディズレイリ〕の果たした役割の主要部分を映し出している。

ビーコンズフィールドと，ロシア皇帝アレクサンドル3世が主役で，それぞれが手にピストルを所持している。第3番目の役者はオーストリア・ハンガリーのフランツ・ヨーゼフだ。背景には，フランスの代表者，W・H・ウォディントンが，フランス第三共和政を抱きしめて立っている。ドイツのビスマルクは熱のこもった表情で，ゲームを見つめている。彼はディズレイリについて言った。「あの年寄りのユダヤ人，あれこそ男だ」。トルコ人は子どもとして描かれていて，その見方は問題にされていないが，その帝国は，競技者たちに賞品を与えることになっている。

諸国，中でもまだオスマン帝国の一部分をなしていたブルガリアにおけるキリスト教徒社会に対するトルコ人たちの非道ぶりは，彼を政界の中心部へ引き戻さずにはおかなかった。彼はバルカン諸国の中におけるキリスト教国の分離の必要を感じた。「人民のウィリアム」〔グラッドストン〕はその旨を民衆に伝えた。1878年のベルリン会議において列強諸国は，トルコ帝国の一定部分の秩序ある分裂に同意したが，残余の部分に関しては十分な安定が図られた。ロシアとの戦争も避けられた。ディズレイリは「名誉ある平和」と呼んだ。そしてこれは彼の首相歴における頂点でもあった。

1879年にグラッドストンは，ミドロージャンにおいて，2週間連日大集会を開くことによって，近代的政治運動の端緒を開いた。そこで彼はディズレイリがそれまでやってきたことすべてを槍玉にあげた。彼の運動は，農業の景気後退に煽られたということもあって，1880年における自由党の圧倒的勝利の結果につながった。

それからグラッドストンとディズレイリは，初めて近代の選挙民に類する人

みっともないことを（1878年）

　ディズレイリとグラッドストンは互いにペテン師呼ばわりをしていた。ディズレイリがグラッドストンのことを，「はじめから止むことのないタルチュフ[7]」だといえば，グラッドストンは「この神聖な壁の中にいても彼は偽善を振舞うことを忘れない」と応じた。

　あのブルガリア人の残虐行為のあとにつづいて発生したトルコに対するグラッドストンの報復活動は，両者間の激しい応酬の奔流となって現れた。たとえば，「いかにも物知り顔の雄弁家，グラッドストンは，自信満々の饒舌ぶりに酔いしれている」とディズレイリが言う。「後世の人は公平な立場で真相を知るに至るであろう。あの常識はずれの狂人的グラッドストンは，嫉妬，執念深さ，偽善，迷信の奇妙な混合体をなしている」。そして「説教，祈り，長たらしい演説，雑文などさまざまある中で，他を圧する特徴が１つある——ジェントルマンのかけらもないということである」。

　これに応えてグラッドストンは言った。「あの男は，己れの宗派以上にでたらめが多い……彼は公衆の意見を踏みにじり，病的な欲求をもって，それを二束三文で手放し，情欲や偏見，利己的な欲望をかりたてる。すべて自分の影響力を保持するのが目的だ」。ミスター・パンチ[8]も彼の個人中傷ぶりには，親しめなかった。しかし二分割された政党への忠誠ぶりは，あらゆる面で，常に鮮明にあらわれていた。

第10章　ディズレイリとグラッドストン

ミドロージャンの選挙戦（1879-80年）

　グラッドストンはグリーニッジの彼の選挙区を断念して，ミドロージャンの保守党議席を巡っての補欠選挙に打って出ることにした。ローズベリー卿の後援を受け，その資金によって，1879年11月にエディンバラで大規模な集会が開かれた。「偉大なる老政治家」を見たことのないスコットランド人たちが何千もの群れをなして参集した。ディズレイリがその拡張政策をもって帝国のために行う領土の略奪――「疫病的……不忠の……完全に破壊活動的な……虐偽幻影の栄光」に対する公然の弾劾を聴くためであった。

　グラッドストンはあらゆるものに，彼の偉大な道徳的熱意を注ぎこんだ。まさにディズレイリが政治活動から取り除いていたものであった。これは近代における最初の選挙戦であった。国中の注意を一手に集めて彼は補欠選挙を勝ちとったのである。同時期にトーリー党向けに印刷されたこのパンフレットは誤謬を犯している。グラッドストンは，続く総選挙でも勝利を収めているからである。

最後のお飾り（1880年）

　ディズレイリの敗北は，自由党支持の風刺誌『ファン』に，J・ゴードン・トムソンの祝賀画によって表された。保守党系の雑誌としては『ジュディ』があったが，ほかに『トマホーク』，『ファニー・フォーク』，『ウィル・オ・ザ・ウィスプス』〔鬼火〕も，その系統に含まれていた。これらすべての雑誌が，高度の教養をもつ中流階級向けの，政治風刺画を載せていたのである。

　トムソンは1860年代に『パンチ』に登場したときには，公務員であった。1870年に彼は公務員をやめて，自由党系の『ファン』専属の政治風刺画家になったのである。彼の絵は活気と想像力に富んでいた。

第10章 ディズレイリとグラッドストン

たちに向かって所見を訴えるようになるのである。1867年以後には多くの選挙
区が誕生し，貧しい境遇の人たちが選挙民として多数を占めることになった。
そして1872年からは，彼らは，地主や雇い主，あるいは顧客からの報復を恐れ
ることもなく，無記名投票によって，自由に選んだ候補者に票を入れることが
できるようになったのである。

　偉大なグラッドストンとディズレイリが必死の闘争を交えているあいだ，政
治に関心のあるほとんどの国民は，グラッドストンが英雄でディズレイリは悪
党だと思う者，あるいはその反対に二分されていた。あらゆる社会的階級の投
票者たちが，あのずば抜けた2人の大物指導者のうしろに列をなして群がり，
彼らが形づくっている党と自らを一体化しはじめた。

　今日における保守党と自由党は，ディズレイリとグラッドストンが創設した
伝統と原則とを今もなお護り通している。そしてピットとフォックス以来初め
て英国は，異例の才能を具えた政界の両雄が，政治の庭のまっただ中で演じる
対立を経験するようになった。この2人の人物を中心にして一方に政権党があ
り，他方には瞬時の注意力によって政権にありつこうと懸命になっている野党
がある，といった近代的政府のパターンは形成されたのである。

訳注

(1)　アイルランド教会。アイルランドにおける最大のプロテスタント教会であったが，
　　1801年の合併法によってイングランド教会と合併した。1870年にその統合の永久化
　　が確立されると同時にアイルランド教会は廃止された。
(2)　シャイロック。シェイクスピア『ヴェニスの商人』に登場するユダヤ人の強欲な
　　金貸し。
(3)　『アラビアンナイト』の「アラジンの魔法のランプ」に因んでいる。
(4)　神仙女王。イギリス詩人，エドマンド・スペンサー（？1552-99）の最大傑作た
　　る叙事詩『神仙女王』。スペンサーのフェアリ・クイン・グロリアナは，エリザベ
　　ス女王を表すと伝えられる。
(5)　原文では英語の格言に従って "One good turn deserved another" となっている。
(6)　「ジンゴー」。擬音の類の語として17世紀からあったようだが，攻撃的な英国愛国
　　主義を表す語として使われるようになった。ロシア＝トルコ戦争（1877-78）の頃
　　にミュージック・ホールの歌を通じて流行した。当初は反ロシア，あるいはロシア
　　恐怖をジンゴイズムと称していたが，それはやがてすべての戦闘的な感情を表す語
　　として広まった。

135

⑺　タルチュフ。17世紀フランスの喜劇作家モリエールの代表作品の題名であり，その主人公の名前で偽善者，えせ信心家の代名詞になっている。

⑻　パンチ。ディズレイリとグラッドストンの間に立っているのが擬人化されたミスター・パンチだが，『パンチ』誌1878年8月10日号にやはり「みっともないことを」（A Bad Example）という題で載っている。これには教員としてのミスター・パンチの「ご機嫌斜め」ぶりが言葉として表されているので，それを引用する。「これは一体何だね？　君たち本校の最優等生2人が泥のぶっつけ合いをするなんて！自分たちの恥を知るべきじゃないのか，恥を！」。

第11章

政治の焦点はアイルランド

総理大臣

1880年4月：W・E・グラッドストン（二次）

1885年6月：第三代ソールズベリー侯爵（一次）

1886年2月：W・E・グラッドストン（三次）

1886年8月：第三代ソールズベリー侯爵（二次）

1892年8月：W・E・グラッドストン（四次）

1894年3月‐1895年6月：第五代ローズベリー伯爵

　70歳のグラッドストンは，ミドロージャンで華ばなしく展開された選挙戦によって，1880年の総選挙で圧倒的な勝利を勝ちとった。自由党は，トーリー党を完全に打ち破ったのである。しかしグラッドストンは，彼の党の党首ではなかった。女王が徹底的に彼を嫌って，「もしもあの半分狂った火つけ役の彼を呼びに人をやったり，何か用事ができたりするくらいなら，いっそのこと王座を離れてしまいたい」と，個人秘書に向かって言うのであった。ディズレイリは，彼の往年の強敵を大目に見てやるようにヴィクトリアに進言する一方で温厚なホイッグ党のハーティントン卿を呼んで話し合った。数日のうちにグラッドストン首相で決まりとなった。ヴィクトリア女王でさえも国民の選択を無視するわけにはいかなかったのである。

　19世紀後半における大方の政権同様，グラッドストン内閣も何ら明確な政見をもっていなかった。まもなくいくつかの難問に圧倒されるようになった所以である。グラッドストンは，帝国主義の拡大と例のジンゴイズムに反対して，さかんに熱弁を振るい始めた。だが彼はエジプトの商港アレクサンドリアを砲撃することを余儀なくされた。結果としてエジプトは，1882年から英国の勢力のもとにおかれるようになった。これがグラッドストンの破滅の原因となるのである。

　それから2年後に，カリスマ的なゴードン将軍がスーダンへ派遣された。マーディ〔イスラム教の救世主〕として知られる当地の指導者によって引き起こさ

れた，異教英国に対する聖戦を処理するのが，目的であった。ゴードンは，あまりに任務の枠を越え出てしまい，ハルツームで攻囲される羽目になった。しかもグラッドストンの援軍派遣がおそすぎた。援軍がハルツームに到着したのは，その街が落ち，ゴードンが戦死を遂げてから 2 日も経ってからであった。イングランドでは，全地獄が開放されたような状況であった。グラッドストンが10番地を去るときには，非難とあざけりの声が絶えなかった。女王が彼を非難した暗号ぬきの電文は，すぐにリークされた。

　しかし政治の最たる問題として英国にのしかかってきたのは，アイルランドの政治問題であった。アイルランド国民党が現れたのは1870年で，それはまもなく，国会におけるアイルランドのほとんど全議席を牛耳るようになった。その主たる政治目的は，ダブリンに別個の議席をもった自治を要求することであった。そしてその集団は下院における審議を中断させるなどの戦略を用いたので国会にとって頭痛の種であった。他にもう 1 つ土地同盟という集団が結成されていた。それは飢饉に苦しんでいる，多くのアイルランドの農民の救済を図ったものであった。

　アイルランドでは，チャールズ・スチュワート・パーネルが国民党と土地同盟の両方のリーダーになった。彼の地位は実に逆説的であった。というのは，彼はプロテスタントの地主でありながら，カトリック教徒の百姓たちの英雄になったのだからである。彼は冷淡で疎遠な態度の持主であった。熱さを別にし

内閣の肖像（1880年）

　ここには，内閣で得意がる面々がＪ・ゴードン・トムソンによって，巧みに風刺画化されている。ディズレイリは，1 年も経たないうちに死んだために，ゆっくり引退生活を楽しむことができなかった。彼の死が近づいたとき，誰かが女王の見舞を歓迎するかと尋ねた。大変な光栄を拒否しながら彼は言った。「女王はアルバートへの伝言をお頼みになるだけだろうよ」。

　グラッドストンは，多忙を口実に，ディズレイリの葬儀に参加しなかった。それでも「どうか全能の神が彼の枕辺にましますよう

に」とは，確かに言った。しかし彼の日記には，本当の感情を書き表さずにいられなかった。「彼は生き方も死に方も同じであった——現実や真実と無縁で，すべて誇示だけであった」。

　ディズレイリの死後，ある食事の席でグラッドストンは，ディジーからウィンザーの女王のもとへプリムローズを持参したというのは本当か，と彼のホステスに聞いてみた。それに間違いないという返事を聞いたグラッドストンは「私なら豪華な百合のほうが，もっと彼の趣味に叶ってると思っただろうに」と言って驚きを表した。

第11章　政治の焦点はアイルランド

ゴードン将軍とハルツーム（1885年）

ゴードンがエジプトへ派遣されたのは，スーダンから引き上げるためであったのだが，彼はまったく反対のことをしでかした。彼はマーディ〔救世主〕の名で一般に知られていたスーダン反乱軍の指導者を撃滅せずにおれなかったのである。1885年初めにゴードンと彼の軍隊が首都ハルツームで敵軍に虐殺される結果になった。

その情報がロンドンに伝わってから数日後に，グラッドストンは，クライテリオン劇場[1]へ赴いた。そしてゴードンの死は，最終的には未確認であることを指摘しながら，予想もつかないような彼の不始末を弁護した。あるミュージック・ホールの歌は，彼の部下たちによる呼び名 "the Grand Old Man" を縮めた GOM を "MOG"="Murderer of Gordon"〔ゴードン殺し〕のイニシャルに変えて歌われるようになった。それから4か月後，政権を存続させようという気力は，すっかり崩壊してしまった。この絵の画家は，G・ブリグマン。

たら彼は，火かき棒のような人間だと言われたが，内側には真の熱情が潜んでいたのである。

アイルランドの問題に対してグラッドストンが考えた最初の手段は，農地法を導入することによって，百姓たちの生活改善を図ることであった。しかし彼は，アイルランド主席大臣であったフレデリック・キャヴェンディッシュ卿殺害の後始末として，強制的な政策を取り入れねばならなくなっていた。これは1882年にダブリンのフェニクス・パークで起こった事件で，キャヴェンディッシュは，首相の遠縁に当たり，グラッドストンは，彼の死を深く悼んでいた。彼はほとんど父親のような愛情をもってグラッドストンに接していたのである。

グラッドストンは，早くも1868年に，彼の務めはアイルランドを静めることだと言っていた。1880年代の初め頃に彼は，内政自治に向かってゆっくりではあるが断固として動きはじめていた。保守党側は，そんなことを疑いもしてい

第11章　政治の焦点はアイルランド

なかった。彼らの最も有名な雄弁家，ランドルフ・チャーチル卿（ウィンストンの父）は，保守党こそは断じて「オレンジカードで立ち向かうべきだ」と気合いをかけた。これは，内政自治の断固反対を意味していた。特に北アイルランドのプロテスタントたちが，ダブリン政権に従属することに至っては，論外であった。内政自治は，即ローマ〔カトリック〕の自治であった。このチャーチルは，いわば，自由党におけるジョゼフ・チェンバレンに相当する人物であった。チェンバレンは豊かなねじくぎ製造業者で，バーミンガムの地方政界で出世を遂げて，自由党の指導的地位にまで登った。

　1880年に彼は，最も急進的な自由党員の1人として，内閣に加わった。1世紀前のチャールズ・ジェイムズ・フォックス同様に，チェンバレンは，1度も

1週間の自由民（1885年）

　このアイルランド風刺画は，1885年の総選挙によって，パーネルと国民党の前に大きな望みが広がってきたところを評して描かれている。パーネルがカードを配り終えたところだ。首相のソールズベリーは，ランドルフ・チャーチル卿からアイルランドに票を入れるように勧められており，グラッドストンは，陰鬱な表情でジョゼフ・チェンバレンと首相の座について話し合っている。1885年の総選挙でパーネルはアイルランドの有権者たちに保守党を支援するように，運動をしてきた。この風刺画が現れたすぐあとに，保守党は，アイルランドといい加減に結んだ提携を破棄していた。その一方でグラッドストンはアイルランドの内政自治への転換を宣言した。パーネルの性急な保守党支援は，2つの面で自治への進展を阻む結果になった。第一にそれは下院における自由党員の数を減らした。そしてそれは何人かの自由党員にアイルランドに対する怒りを燃え立たせて，グラッドストンに反対する自由党員統一派の反乱を支援する気持ちを起こさせたのである。

大いなる投票ボクシング対戦（1885年）

1919年まで，総選挙は通常は数週間にわたって行われていた。ゴードン・トムソン作のこの風刺画は，1885年の総選挙期間の最中に現れた。その初段階での結果は，自由党が保守党をおさえて，再度支配権を獲得しそうな形勢であった。総理大臣のソールズベリーは呆然の状態である。セコンドのランドルフ・チャーチル卿は彼の勇気を取り戻そうと懸命だ。グラッドストンがキルトを着用しているのは，彼のミドロージャンとの連想からで，今まさにノックアウトの一発を喰らわそうと構えている。

宙吊り，あるいはどれだけもつか？（1886年）

1886年6月にグラッドストンのアイルランドの内政自治法案は，トーリーと共同したチェンバレン自由党の93票によって否決された。そのとき73歳のグラッドストンは，その法案に関して5つのスピーチを行った。最後の締め括りのスピーチにおいて彼は言った。「アイルランドは今，期待をもち，希望をふくらませ，ほとんど嘆願の気持をもって，諸君の前に立っております……アイルランドは，慈悲をもって過去を忘れてくれることを念じているのですが，その忘却についてより深い関心をもつべきは，むしろわれわれの方であります」。

グラッドストンは内閣を解散した。自由党は総崩れになり，ソールズベリーが首相になった。ところで風刺画家のトム・メリー（実の名はウィリアム・ミーチャム）は，トーリー派でグラッドストンと自由党にとって手強い相手であった。週毎に彼は，『セント・ステファンズ・レビュー』誌向けに，彩色の石版画を提供していた。活々として迫力のこも

った作品で，それらはむしろ18世紀のプリントのような形で出版されていたのである。

トボガン滑り（1891年）

雪の中の政治家たちは事実アイルランドの国会議員で、彼らはアイルランドの内政自治に関するグラッドストンの熱烈な関与が今やあふれんばかりになっているのに驚嘆している。トム・メリーの風刺画である〔トボガンは、雪の積もった坂を滑り降りるのに用いるそりの一種〕。

総理大臣の席に就いたことはなかったが、当時の政治に、底深い影響を残すことになった。25年間のうちに彼は、まず自由党を分裂させ、それから保守党をも分裂させたのである。

1885年にグラッドストンは下院で敗れて、辞職した。しかし後の慣習上の総選挙を制することはできなかった。1884年における第3次選挙法改正によって、多くの新しい有権者が生まれていたのである。投票法の手続きが完全に行われてはいなかった。最近まで伝わる記録簿なども存在しないのである。

自由党は、総選挙が実施されるまでのあいだ、ソールズベリーが内閣を組織することに同意してそれを認定した。チェンバレンは、これを「管理人内閣」と名づけた。1885年の総選挙では、自由党が依然として多数を制した。しかし保守党とアイルランド国民党の得票数を合わせると、言うほどの差はなかった。下院での敗北により、ソールズベリーは辞職、グラッドストンが復帰して、アイルランドの自治への鞍替えを宣言した。

アイルランドの内政自治法案を最初に上程したとき、グラッドストンは、英本国（グレートブリテン）とアイルランドの両方に別々の議会を設置することを前提にしていた。この案は第二議会で30票の差で否決された。自由党のほとんど全議員とアイルランドの国民党議員が賛成票を投じたのだが、ホイッグ党の

ハーティントンと,「急進的」のジョゼフ・チェンバレンが反対であった。このグループは,自由統一党として知られるようになった。

自由党は分割されたが,保守党はそうではなかった。ソールズベリーは独自の政策を定めていた。「アイルランドは,インド同様に,可能な場合は承認により,そうでないなら力によって,万難を排して押さえておかねばならない」。1886年にもう1度行われた総選挙ではソールズベリーが安定多数を得た。その選挙でチャーチルは,グラッドストンを「多忙老人」という記憶すべき呼び名をもって表現した。自由党の分割により,それからおよそ20年間は保守党が政権を握りつづけることになった。

さあ,役に立つかな？（1892年）

ここにスコット・アイルの遊猟案内人として描かれているウィリアム・ハーコートは,大蔵大臣であった。彼は革ひもにつながれた4匹の猟犬をつれている——労働党,急進派,国民党,アイルランド国民同盟員を表す。しぶしぶ外務大臣になったローズベリーは,「これらの猟犬のためにどんな『猟物入れ』を用意すべきかを,考えている」。1892年にグラッドストンが再び首相に選ばれたが,アイルランド票に負うところが大きかった。内政自治の推進者として彼は,アイルランドからの支援を受けていた。しかし自由党の統一派の支持は,長い間失っていたのである。

テニエルは,鉛筆を使っていたので,この風刺画は,とてもソフトに描かれている。その上でテニエルは木板にそれを移し,そこで木版画家のスウェインが,その繊細さを映そうとしたのだが,『パンチ』に現れたときには,随分暗い線が目立っていた,というのもやむを得ないことであった。

第11章　政治の焦点はアイルランド

偉大なご老人（1893年）

　ハリー・ファーニスは，国会議事堂の下院の桟敷に座って絵を描いた最初の風刺画家であった。彼のスケッチは手早く，刺激的で，活気に富んでいた。ここで彼は，大河の奔流を思わせるようなグラッドストン像を描出している。若き日のウィンストン・チャーチルは，下院の外来者席からグラッドストンが2度目の内政自治法案を提起しているところを見た。そしてその挙動を彼はこのように表現した。「あの偉大なご老人は，まるで偉大な白鷹のようであった。すさまじいのと同時に，すばらしかった」。

　ソールズベリーは総理大臣を14年間つとめた。――歴代首相の中で3番目の長さである。彼は4種の階級称号をもっていたが，のちのアレク・ダグラス＝ヒュームに至るまでは，例のないことであった[2]。

　ソールズベリーは，父親が残してくれた金が余りにも少なかったので，ジャーナリズムの世界に入り，『ポリティカル・クォータリ』に「保守主義の本質」に関する何篇かのすぐれた論説を発表したこともあった。彼の信念によれば，できるだけ統治を少なくしてこそ，国は最もよく治まるのだった。彼はアフリカの争奪で英国がトップに立ったのを確信して，大抵の場合に総理大臣の地位と外務大臣とを結合させて事を運んだ。しかし本質的に見て彼は，外交を通じて勝利を探る対話主義者（ネゴシエーター）であった――主戦論者ではなかったのである。

　ソールズベリーを描いた風刺画のほとんどが，彼を非常に肥満体の，やや眠そうな，しかし善良な人間として表象していた。彼は「偉大なる帝国が市街の最貧困層の思うがままに動かされる」のを警告して，民主主義に多くの時間を費やさなかった。のちに彼は，将来の総理大臣になる甥のアーサー・バルフォアをアイルランド大臣に任命した。首相の洗礼名がロバートだったので，これは「ボブは君のおじ」（"Bob's your Uncle."）の表現に新しい意味を与えることになった[3]。

　ソールズベリーの首相としての毅然とした地位は，1度も本気で挑戦されたことがなかった。1886年に彼は，選挙区における保守党の寵児，ランドルフ・

145

病める心（1894年）

　ローズベリーを選んだのはヴィクトリアであった。彼がグラッドストンの推薦を受けることはなかったはずである。自由党の閣僚や議員の中でも彼から相談を受けた者は1人もいなかったのである。彼は大蔵大臣のサー・ウィリアム・ハーコートと，互いに剣を抜き合ったような状況であった。そしてのちには，彼はグラッドストン宛に，「ローズベリー・ハーコート社は国民相手のインチキ商社」だと書き送っている。

　ハリー・ファーニスが描いたこの風刺画は，ローズベリーにつきまとった政治的な気苦労ばかりでなく，彼の神経症と精神的な病を表している。政務上の緊張のために，彼のいつもの不眠症がますますひどくなって，挫けてしまったのである。

チャーチル卿から一発攻撃されたことがあった。大蔵大臣であったチャーチルは，予算に関する意見の相違で辞職を申し出た。まさかソールズベリーがそれを受理するとは思っていなかった。ところが，総理大臣は即座に申し出を承知，彼の内閣で最も生彩に富んだ，カリスマ的な大臣の政治的自殺にもひとしい解任劇であった。ソールズベリーは，自由党のアイルランド統一派の一員であるゴウシェンを，その後釜に据えた。チャーチルは「ゴウシェンのことを忘れておったわい」と，ほぞを噛んだ。

　1892年の総選挙で自由党は，最大党になった——絶対多数には及ばなかったが。そこでグラッドストンは，82歳で4回目の首相になったのである。彼の内閣は，アイルランド問題で湧き返った。グラッドストンは再度自治法案を作成し，下院では熱情をふるって，その一節一節を論じた。その法案は下院を通過

第11章　政治の焦点はアイルランド

ローズベリー（1905年）

　マックス・ビアボウムによって描かれた，その後のローズベリーのカリカチュアは，彼がまだまだ生きのびていることを想い起こさせた。しかし，彼の実績よりも名声の方がはるかに高かった。彼は天才的な演説家であったので，彼の本能は急進的というよりは，保守的であったのにもかかわらず，多くの人たちがグラッドストンの後つぎは，当然ローズベリーだと思う程であった。チャーチルの評言は，鋭くて正鵠を得ていた。「最初のうちは彼らは言った『彼は来るだろう』と。それから数年間は『もし彼が来てさえくれれば』，そして最後には，彼が永遠に政界を去って長年を経てから『もし彼が戻ってさえくれれば』」。

したが，上院では10対1の差で否決された。それから数か月後，グラッドストンは辞職，ローズベリー伯爵がその後を継いだ。比較的に少数化したホイッグ党の一員で，偉大なる老人に忠誠をつくしていた。彼の最後の内閣で，何人かの閣僚が泣き崩れて，グラッドストンをうんざりさせた。彼はこの有り様を「泣き虫内閣」と称して，軽蔑をもってつき放した。

　ローズベリーは一方では遺産を相続し，他方では結婚によって，大金持ちになっていた。彼の短期間の政権は，意見の衝突で悩まされた。あたかも彼が不眠症で悩まされたのとちょうど同じであった。彼はこれを治そうと，プリムローズ色塗りの四輪馬車を出して，夜のロンドンを乗り廻していた。その色は，ローズベリー家の名前がプリムローズであったから選ばれたのであった。非協調派の自由党員たちは，彼の馬，1894年にはラタズ，1895年にはサー・ヴィストが，ダービーで優勝馬になったのを見て，ショックであった。

　ローズベリーの人生には惨めなことが多く，神経衰弱の病人になってしまった。47歳で彼は首相の座を離れて，2度と戻ることはなかった。それから20年余り，彼は公共の場に姿を現しつづけはしたが，以前の友人たちを困らせることが多かった。

147

訳注

(1) クライテリオン劇場。ロンドンのピカデリー・サーカス近くにある大劇場。1874年 3 月21日に H・J・バイロンの『アメリカの淑女』で開館。79年からは軽喜劇で人気を呼び，世紀末には社会風刺劇が盛んであった。

(2) Alec Douglas-Home〔hju:m〕。第十四代ヒューム伯爵（1951），男爵（1974），ダグラス卿（1918），一代貴族（1974）。

(3) ソールズベリーの本名は，Robert Arthur Talbot Gascoyne-Cecil で，Bob は Robert の愛称。それで "Bob's your Uncle" ということになるのだが，このフレーズには「ボブおじさんがついてるから心配無用」のニュアンスが含まれていた。以来この句は慣用句として定着している。

第*12*章

旧時代の終わり

総理大臣
1895年6月：第三代ソールズベリー侯爵（三次）
1902年7月：アーサー・バルフォア（のちにバルフォア伯爵）
1905年12月：ヘンリー・キャンベル＝バナマン
1908年4月−1916年12月：ハーバート・ヘンリー・アスクィス
（のちにオックスフォードおよびアスクィス伯爵）

　チャーチルは，ローズベリー内閣を「荒涼たる不安定な消耗性の継承」と称した。1895年6月，定足数に満たない下院において，些細な問題に敗れたときに，ローズベリーは辞職した。ソールズベリー卿が内閣を組織して，ジョゼフ・チェンバレンを含めて，自由統一党を彼の内閣に加わるように招き入れた。それで，彼が田舎へ行っているあいだに，保守党と自由統一党とが連立を組んだ形になったのである。ソールズベリーが首相役を担ったのは，プラトニックな保護者のようなもので，権力欲というよりは公共のための義務感から出たものであった。もし1963年の1日だけを勘定に入れないなら，彼は総理大臣職に就いた最後の貴族であったことになる。

　チェンバレンは，植民地相に任命された——比較的に若手向けの地位ではあったけれど，彼は自らそれを望んでいたのである。ソールズベリーは歳がいっており，したがってチェンバレンが内閣の動力役を担い，「政治の天候作りの役を負わねばならなかった」。これら2人は，人としても政治家としても，遠くに離れた柱と柱であった。ソールズベリーは，乱雑な服装で動作が鈍く，キリスト教的な皮肉っぽい態度に染まっていた。チェンバレンはというと新時代人で，片眼鏡にランの花飾りをして，一分の隙もないなりをしていた。そして過激なことを喋りまくりながら，実業家の眼ざしをもって，植民地を「未開発の土地」として眺め渡すのであった。

　英国政府は，南アフリカ問題で手一杯になった。広大な土地にダイヤモンドと金が蓄積されていたトランスヴァールに独立国を建設したボーア人たちは，

149

チェンバレンや金持ちのケープ植民地首相，セシル・ローズが共に思い描いていた偉大な帝国幻想にとって，不愉快な邪魔者集団に映った。ローズは，ケープとカイロを結んで，英国の植民地ないしは英国の統制下の土地を走る鉄道の建設を目論んでいた。あるときローズは「英国人であることは，人生の富くじで一等賞を勝ちとったのにひとしい」と言った。

　南アフリカにおける英国の高等弁務官，サー・アルフレッド・ミルナーは，ボーア人たちに極度に圧力をかけた。それが原因となって1899年10月に戦争が勃発したのである。ボーア人農夫たちの手にかかって，屈辱的な敗北をくり返して，英国軍は驚愕した。彼らは乗馬の達人であり，射撃の名手であったのである。しかし1900年になると，「ボブ」の名で知られるロバーツ卿の率いる英国軍によって，主導権は奪い返された。

　1900年9月，保守党は，あの有名な「カーキ選挙[1]」を行った。それによって彼らの多数は確保されたが，議員を増やすことはできなかった。一方の自由党は，戦争を挟んで2つに割れた。ローズベリーとアスクィスは，一般的に戦争賛成であったのに対して，成長盛りの若いウェールズの国会議員デイヴィッド・ロイド・ジョージは，これに反対であった。大抵の戦争同様，ボーア戦争にも恐るべきへまがむき出しにされた。英国は完全に孤立状態にあった。そしてこのことは，ヨーロッパに現出しはじめていた力の競争からはるか遠回りをすることを意味したのである。しかしながらこの戦争は，ますます激しさを増しつつ，延々18か月にも及んだのであった。

　1902年，ボーア戦争が終わった頃に，明らかに体力が衰退していたソールズベリーは辞職し，アーサー・バルフォアが後を継いだ。バルフォアは1874年以来下院入りをしていたが，いかにも彼らしく，2年が過ぎてから処女演説を行

A・J・バルフォア（1903年）

　エッセイストとして，また演劇批評家として抜群の才能をもったマックス・ビアボウムの辛辣な風刺画は，『パンチ』における大げさな人物描写とは，根本から対称的であった。バルフォアは，しおれかけのクエスチョン・マークだ。ロイド・ジョージは不良小僧，アスクィスは無気力人間，ボールドウィンは無

思考人間，そしてボナ・ロウは無感覚といった調子である。ビアボウムの風刺画は，信じ難い程の線の節約と，皮肉なキャプションが特徴をなしている。彼の風刺画には，特定の政治的出来事を描いたものは，ほとんどない。彼の風刺画は，キャラクターを描いているのである。言葉のあらゆる意味において，マックスは比較を許さないのである。

第12章　旧時代の終わり

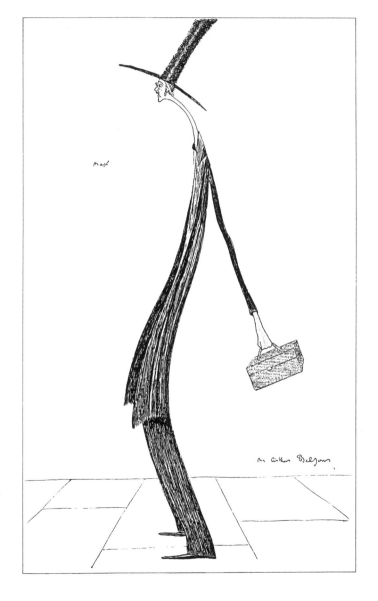

政治的ほっそり型（1900年）

　1900年にロバーツ卿は英国軍隊が蒙った敗北を逆転させた。彼は前に立ちはだかるボーア軍勢を一掃して，キンバリーとレディ・スミス〔南アフリカ中部〕を救済し，5月にはマフェキング〔南アフリカ北部〕を救った。英国内はこの勝利の報に歓喜で沸き返り，即興の街頭祝賀会をもって，これを迎え入れた。

　チェンバレンは早速ソールズベリー相手に，2年の繰り上げ選挙を行うよう説得にとりかかった。補欠選挙で敗北つづきであった保守党政権にとって，勝利のユニオンジャックに包まれるチャンスを逃がすにしのびなかったのである。しかしこのカーキ選挙で彼らが得たのは全部で僅か3議席にすぎなかった。

　ここに見る風刺画は，フランシス・カラザズ・グールドの作品である。彼は自由党との縁が深かった。1906年の地すべり的な自由党の勝利につづいて，彼はナイト爵位を授与された。ナショナル自由党クラブには，他の自由党の功労者たちと並んで彼の肖像画が掲げられている。彼は，1888年に『ペルメル・ガゼット』に加わり，日刊紙所属の最初の風刺画家となった。彼の風刺画はどちらかというと全体的にやさしいほうであった。

った。ケンブリッジ大学での彼は「美人ファニー」("pretty funny")として知られ，気の合った者同志の美学グループ「霊魂」("The Soul")の仲間といるのを好んでいた。彼の最初の著作には，『哲学的懐疑の擁護』という標題がつけられていた。彼の所作は内気で，女性的であった。「政治家の最初の義務は，持場に居残ること」と彼は言ったが，それは彼の政治哲学を要約したものであった。

　ジョゼフ・チェンバレンが関税改革を唱え，1903年には保護主義復活の試みとしてその実施に乗り出したために，トーリー党は分裂し，バルフォアは，挫折した。この財政に関する大論争の間，彼はどちらの側にも加担せず，両陣営の熱狂者をひき離すことによって，けりをつけた。

第12章 旧時代の終わり

ホテル・セシルにおけるアリスのティーパーティ（1900年）

　グールドは，再びトーリー党を攻撃せずにはおれなかった。ここでは，ソールズベリーはドウマウス，バルフォアはマーチ・ヘア，チェンバレンはマッド・ハッターになっている[2]。これはアイロニーの巨匠，サーキー作の風刺冊子『ウェストミンスターのアリス』の挿絵として描かれたものであった。これにはテニエルに対する称賛の意味もある。ここでは政治風刺画家としてのテニエル称賛ではなくて，『不思議の国のアリス』の挿絵画家としての彼に対する敬意がこめられているのである。『アリス』の挿絵は常に記憶に新しいので，それらは今日でも風刺画の刺激剤になりつづけているのである。

困難な運転（1901年）

　自動車は最近発明されたばかりであった。はやりのものを好んでいたソールズベリーであったが，彼はバルフォアによって邪魔物とばかりに乗り越された。
　18世紀末から総理大臣の地位と大蔵第一卿とは，ほとんどいつの場合でも実務上は同等であった。1895年から1902年までのソールズベリー内閣は，首相の役割が二分割されていた最後のケースであった。大蔵第一卿バルフォアは，下院において内閣を代表して演説をした。したがって彼は，上院に出席していた首相〔ソールズベリー〕と事実上同等の権威をもっていたことになるのである。そのような意味で，1902年のソールズベリー辞任後にバルフォアが後を継いだのは，ほとんど自動的な成り行きであった。
　リンリー・サムボウンは1901年から1910年まで，『パンチ』の代表的な政治風刺画家として知られていた。彼は人びとに政治家のポーズをとってもらい，それを写真に収めるの

が好きであった。そうしておいて彼はそれらを絵に描き直し，それをベースにして，たっぷり陰影をつけて，風刺画に仕立てていたのである。

153

しかし1905年12月，自由党が他の問題で分裂しそうな成り行きを感じて，彼は辞職した。とはいえバルフォアは，その後もさまざまな内閣において，さまざまな地位に就きつづけた。1917年には外務大臣として彼は，有名なバルフォア宣言を公表して，パレスチナをユダヤ民族の居住地と定めることを提唱した。チャーチルは，彼について，次のようなことを言った。「彼はまるで力量に富んだ猫だ。かなり泥だらけの道を渡っても巧妙な歩き方をして，身に汚れひとつつけないのである」。

次にはサー・ヘンリー・キャンベル＝バナマンが，自由党内閣を組織し，そしてそれから国会を解散して，政府政策を世論に問うことになる。そのために行われた1906年の総選挙では，自由党は地すべり的大勝利を勝ち取った。バルフォアは選挙区を失い，自由党は356名の多数議員を獲得したのである。69歳のキャンベル＝バナマンは愛想のよいスコットランド人で，その富は彼の実家の反物業からきたものであった。1899年に彼はほとんど競争なしで，自由党の党首になった。しかし彼は，19世紀の中で最も際立った政府に連なる内閣の造成を考えていた。まだ若年の地位にあったチャーチルはじめ，アスクィス，ロイド・ジョージ，グレイなどが，その構成員に含まれていた。風刺画家たちは，"C-B"〔キャンベル＝バナマンのイニシャル〕を温和な親切味のある人物として表

さあ，ご覧あれ，ミスター・チェンバレンを（1903年）

1903年にチェンバレンは，彼の政治的本拠地，バーミンガムでの演説で，帝国優先観，あるいは彼の言葉でいえば「関税改革」に取りかかった。彼は本国と植民地との間の自由貿易によって，帝国を広大な貿易圏に統合し，他の諸国に対しては，高い関税の壁を張ってそれを遮断するという考えを打ち出した。これによって保守党は２つに分かれた。チェンバレンのキャンペーンは，それまであらゆる分裂の兆候をあらわにしていた自由党にとって，願ってもないことであった。彼らは，自由貿易の擁護に新たな結束を見出したのである。この風刺画は，国中で行われた論議に用いられたポストカードである。

第12章 旧時代の終わり

アクロバット名人ブロンディン
（1906年）

　サー・ヘンリー・キャンベル＝バナマンが，1899年に自由党国会議員のリーダーになった。彼は，党が完全に二分されていたのに対して，調停役をつとめた。彼は両者間のバランスを戻すために選ばれたのである。ここで彼はグールドによって，かの有名なアクロバット，チャールズ・ブロンディンとして描かれている。ブロンディンは，綱渡りの綱でバランスを保っていたことや，あるときにはナイアガラの滝を渡ったことで知られている。バランス棒の両端には，「右」にローズベリー卿の顔が，そして「左」にはジョン・モーリー[3]の顔が描かれている。

象している。

　"C-B"はヨーロッパが好きであったが，アメリカ，あるいはインド，または他の英帝国植民地へは，1度も行ったことがなかった。しかし毎年6週間彼は，病身の妻をつれてマリエンバートの温泉へ療養に行くことを欠かさなかった。

　ロンドンで何か陰鬱な出来事があって耐えられなくなると彼は汽車に乗ってドーヴァーまで行き，カレーへ渡って臨港駅で好きな昼食を食べるのである。しかし1908年に彼は重病にかかって，辞職せざるを得なかった。彼は実際にダウニング街10番地で死んだ。――20世紀の首相でそうだったのは，彼1人だけである。

　新首相アスクィスの前には，政治，社会，軍事，憲法等に関する重大な諸問題が並べられていて，彼はそれらの処理に取りかからねばならなかった。今までは例がなかったような不穏な時代になっていたのである。「成り行きを待つ」（"Wait and see"）で表されたようなアスクィスの気質[4]，彼の高貴な貴族風の動作――アスクィスは職業的中産階級の家庭の生まれであった――がこれらの困難にもかかわらず国を操縦する助けとなった。彼は決断の能力を具えていた。キャンベル＝バナマンが彼に「スレッジハンマー」と渾名をつけた所以である。

　上院におけるトーリー党の多数議員は400名近くを占めていた。バルフォア

155

ささやかな軋轢（1907年）

　総理大臣，キャンベル＝バナマンは，労働者階級の2人の若い女が言い争うのを目撃した。2人の女はそれぞれが，労働運動の2つの異なった派を代表していた。労働者階級出身の男は1874年以来，下院の議席につくことが可能になっていた。自由党の登院命令に倣って，彼らは通常"Lib-Labs"（「自由－労働党」）と呼ばれていた。これは労働党の先駆けとなったのだが，労働代表委員会（LRC）は，1900年に結成されていた。そしてこの委員会は，LRCで国会議員になっている者は，既成政党から切り離すべきであることを主張した。

　1906年の総選挙において，「自由－労働党」からは，25名が議員に選出され，29名の議員が，LRCから選出された。この選挙の終了後に，LRCは，自らを「労働党」と宣言して，「自由－労働党」と対峙した。キャンベル＝バナマンは，最終的には彼の党のお株を奪うことになる党の出現を目のあたりにしていたのである。

は，教育や土地の改良や認可等に関するいくつかの法案の妨害，あるいは修正にこれを利用していた。ロイド・ジョージ卿は，これら上院議員の貴族たちは「ミスター・バルフォアのプードルだ」と言ってからかった。上院の諸卿らは，財政法案に干渉すべきでないという古来の伝統を愚かにも放棄して，ロイド・ジョージ卿の急進的な1909年予算を拒否した。このために1910年の総選挙は行われざるを得なくなった。

　自由党と保守党はほとんど平等にバランスがとれていた。しかし労働党とアイルランド国民党の後押しによって，予算は通過したのであった。そのときアスクィスは，上院における遅滞行動の制限を提案した。ところが国王エドワード7世が急逝した。そこで互いに妥協をし合って，ジョージ5世が即位早々に危機に直面することのないように図るべく，憲法会議が開かれた。しかし上院議員たちは，またもや内閣の提案を拒否したために，12月にもう1度総選挙が

第12章　旧時代の終わり

行われることになった。ロイド・ジョージは上々の機嫌で言った。「貴族階級というのはチーズに似ている。古いのであればあるほど，それは高くなる」。

選挙の結果は，事実上，何も変わりがなかった。アスクィスはそのとき，彼のトランプカードをくりながら，国王に向かって説得した。「もし必要であれば，十分なだけの新しい貴族を増やして，上院での法案をお通しになればよいではありませんか。トーリー党は，バルフォアのリーダーシップとその動きに食傷気味になっております。"BMG"——"Balfour Must Go"（バルフォアは立ち去れ）——の声に，彼はボナ・ロウ——ジョゼフ・チェンバレンの弟子であったグラスゴーの鉄商人——と入れ代わろうとしております」。

このあと第一次世界大戦に至るまでの3年間は熱狂的かつ暴力的で，大規模のストライキや婦人参政権運動の暴動，アイルランド自治をめぐっての新たな暴力の脅威等によって，英国は激しい騒乱状態におかれていた。1912年に，アスクィスは，新たにアイルランド自治法案を導入したが，1893年の自治法と変わりのないものであった。

これらの危機に対するアスクィスの処し方は，上手くはなかった。特にチャーチルの好戦性はそこには含まれてもいなかったのである。彼は余りにも無頓着であった。閣僚会議の間にも彼は21歳の若い女性，ヴィニーシャー・スタン

ミスター・ロイド・ジョージと予算（1909年）

新大蔵大臣ロイド・ジョージは，「赤字」という名の蜂につきまとわれていた。ジョージは今，彼の有名な予算案の提出準備にとりかかっているところだ。そこでは所得税と相続税が値上げされており，所得特別付加税と同時に，新しく土地税が導入されていた。これらは1908年に，ロイド・ジョージが導入した海軍用艦船の増強や老齢者年金の充当に必要なものであった。この予算を投票で否決することによって上院は，1909年から11年までの貴族階級と平民議員との確執に火をつけた。

この風刺画は，G・F・ウェルスフォードという名の，あまり知られていないプリマス出身の風刺画家によって描かれた作品である。彼はエドワード・リアの『ノンセンスの絵本』のパロディとして『自由党内閣の本』を著した。

リー宛に長い恋文を書くようなことをしていた。そして彼の大酒飲みの癖は，彼に「スクィフィ」("Squiffy")〔「ほろ酔い」だが，名前の"Asquith"にかけている〕の渾名をもたらした。しかしこういった数々の国内の問題も，1914年の戦争という，より重大な危機の中に埋もれてしまった。

　アスクィスは，戦争の指導者に生まれついてはいなかった。1915年に連立内閣が組まれ，アスクィスに代えて，ロイド・ジョージを起用しようとする緊急キャンペーンがはじまった。1916年の終わりに，短いが鋭い重大な政治的局面に伴い，アスクィスは，辞職に追いやられた。"Wait and see"は"Push and

ミスター・アスクィス，そなたは裏切り者じゃ！（1911年）

　ジョージ5世と英国国民(ジョン・ブル)によって支えられていたアスクィスは，1909年から11年までにおける憲法上の危機に関する彼の処理の仕方に立腹したトーリー党の貴族から攻撃された。1910年における2度の総選挙と，上院によって改革法案の受理が拒否されたあと，アスクィスは，1911年7月に保守党に向かって言った。「もし諸卿が政府の提案を拒んだのであれば，ジョージ5世が新たに自由党から相当数の貴族を任命して，上院における保守党の多数勢を一掃なさるだろう」。

　かくしてトーリー党は二分された。片方は生垣人足で，万事休すを受け入れる用意ができている人たちと，もう一方は溝掘り人夫で，最後の一掘りで死を決めている人たちであった[5]。

　結局政府が勝利を得て，議会法案も導入されることになった。すなわち上院は財政法案(マネビル)に口出しする権限を完全に剥奪されたのである〔爾後財政法案はもっぱら下院で発議されるもので，上院に否決権はなくなった〕。そしてその他の法案に関しても，上院での遅延力も削減された。1948年になると，貴族の拒否権はさらに多く削減されることになる。それから後になると未来のいかなる首相も，上院から政府をリードすることは，事実上不可能になったといってよい。

第*12*章 旧時代の終わり

継承（1911年）

この風刺画は『デイリー・メール』に掲載された。ビアボウムは、はじめてのことではないが、ロイド・ジョージとチャーチルが信じ難い人物であることを強調している。チャーチルがロイド・ジョージに向かって言う。「ねえ、ここではひとつ、トスで決めようじゃないか、ディヴィー？」それを聞いてロイド・ジョージが応える。「うん、でも、ウィンジー、ぼくら、どちらにせよ、結果を甘んじて受け入れられるかね？」〔ロイド・ジョージのファースト・ネームは David〕。

バルフォアと警官（1911年）

ビアボウムはバルフォアが反対党の日常の政治的動向を探るのにまったく弱腰であったことを捉えている――下院議事堂を指しながら彼は、警官に向かって、あそこで何が行われているのかを訊ねているのである。彼は今世紀最大の雄弁家の1人であるロイド・ジョージ相手に反論の先頭に立てるような人物ではなかった。あるときのロイド・ジョージによれば、バルフォアが会場を立ち去った後に残っていたのは、ハンカチの匂いだけであった。

go" に取って代わられたのである。

時が経つにつれて、アスクィスとジョージ卿とは疎遠になった。アスクィスの2度目の妻、マーゴット・テナントは、ロイド・ジョージについて言った。「彼はベルトを見るとき、その下方をたたかずにいられない男なの」。

物品の配達（1915年）

　砲弾その他の軍備が足りなくなった。1915年，ロイド・ジョージは，自ら軍需相をかって出た。戦時中にあっては，大蔵相よりも重要な地位であった。1914年には百万発足らずの砲弾が生産されたが，1915年には2300万発，そして1916年頃には，1億2800万発の砲弾が生産された。1915年と1916年の間には，銃砲の生産高が，従来の6倍に増やされた。〔第一次大戦時の陸将〕キッチナーは，各大隊に4門の機門の機関砲が必要だと考えた。ロイド・ジョージは言った。「キッチナーの言うとおりだ。それをさらに2乗するのだ。それに2を掛ける。それから幸運を得るために，それをさらに倍にするのだ」。こういうことは，ロイド・ジョージが実際に最も得意とするところであった——あっという間の電流仕掛けで人びとを動かして，事をやってのけるのである。

　しかし彼は実際の戦略には，ほとんど影響力をもたなかった。では誰がそれをもっていたのか？　平和時の経済は，記録的な速さで姿を変えていた。2万の小工場からの力の供給を得て，多くの人びとが，戦争によって財産をつくっていたのである。

　この風刺画は，レナード・レイヴィン・ヒルの作品である。

　レイヴィンは『パンチ』にも多くの風刺画を載せているが，彼は人を驚かせることもなければ，怒りを生み出すこともなかった。彼の風刺画は，より深いところに及んでいたのである。

第*12*章　旧時代の終わり

混乱（1916年）

アスクィスは，性格的に戦時の指導者に向いていなかった。それに加えて，彼は運にも見離されていた。1916年は悲惨な年であった——ダーダネルス海峡の戦いは総崩れであった。復活祭週間にはアイルランドに暴動が起こった。アスクィスは，まったく不本意ながらも，強制的に軍隊を動員せざるを得なくなった。ヘイグ総司令官の率いる英国軍はソンム川における8月の攻撃作戦で，歴史はじまって以来，例を見なかった程の大損失を蒙る結果になった。

アルスターの指導者，カーソンの率いる数人の保守党議員が，策略を練りはじめ，それは長い過程を経て，1916年12月にアスクィスを首相の座から引きおろすことにつながった。ボナ・ロウが組閣できない状況だったので，ジョージ5世は，ロイド・ジョージをその任に当たらせた。ロイド・ジョージは，民間人として初めて首相に就任することになったのである。ロイド・ジョージは彼自身が言っていたように，ディズレイリを除けば，彼は「古くからの大学における幕僚大学校の課程を経なかった」最初の首相であった。

この風刺画は，エドワード・テニソン・リードの作品である。国会議員の息子として名の知られたただ1人の風刺画家であった。彼

の風刺画は，『パンチ』や『スケッチ』に掲載されていた。彼はユーモアに富んでおり，特に似顔を描くのが得意であった。彼はヴィクトリア朝で古くから行われていた，人気があって，広く知れ渡っている絵画を風刺画に変容させる手法を巧みに使っていた。この場合は，ジョン・エヴァレット・ミレイの『シャボン玉[6]』がヒントになっている。その原画は，ペアーズ石鹸社が買いとって広告に利用した。

1906年にかくも華々しく多数の党員を獲得してスタートを切った自由党は，その権威をすっかり失い，爾後政権につくことがなかった。

訳注
(1) カーキ選挙。1900年ボーア戦争中に英国政府が時の戦争熱に訴えて行った国会議員選挙。
(2) この挿絵はルイス・キャロルの『不思議の国のアリス』第7章「狂ったティーパーティ」の挿絵としてジョン・テニエルによって描かれた。それぞれ Dow Mouse（眠たがりで冬眠をする動物），March Hare（3月の交尾期の兎），Mad Hatter

(狂気帽子屋），と名づけられている。
(3)　ジョン・モーリー（1838-1923）。政治家としてモーリーは，第三次，第四次グラッドストン内閣およびローズベリー内閣でアイルランド事務相となり，アイルランド自治を主張した。アスクィス内閣のインド事務相となり，インド統治に大改革を行った。枢密院議長に転じたが，第一次大戦の参戦に反対して辞職した。彼はむしろ著作家，文筆家として大きな功績を残した。
(4)　"Wait and see"．よく使われる句だがアスクィスが1910年の国会で自由党の政綱を説明するのに用いて，世に流布されたことになっている。
(5)　生垣人足（Hedgers）と溝掘り人（Ditchers）を対にしたこの比喩的表現は，おそらくJ・S・ミルの『政治経済学原理』（*Principles of Political Economy*, 1848）に基づいている。"The Hedgers and Ditchers, who made the fences necessary for the protection of the crop." (I, II, §1.)（穀物の保護のために必要な生垣を作った生垣人足と溝掘り人）。
(6)　ジョン・エヴァレット・ミレイの『シャボン玉』。

第13章
ロイド・ジョージと自由党の衰退

総理大臣

1916年12月：デイヴィッド・ロイド・ジョージ

1922年10月：アンドリュー・ボナ・ロウ

1924年1月 - 1924年11月：ラムゼイ・マクドナルド

　ロイド・ジョージは直ちに5人の大臣から成る小規模の戦時内閣を創設して，戦争の遂行に備えた。そしてはじめて内閣の議事録が回覧されることになった。彼は将軍たちをコントロールすることができなかった。特に国王とトーリー党からの後楯を当てにしていたヘイグ将軍は苦手であった。しかし彼は，海軍を説得して護衛艦を利用することによって，損失を縮小するように仕向けた。とりわけ，ロイド・ジョージは「武装の国民」に発破をかけて奮い立たせた。

　だが歴史の大きな皮肉ともいうべきことが生じた。ボーア戦争のときには平和主義者で通した，急進的なウェールズの法律家が，今度はトーリー党の後押しによって，戦争の指導者になっていたのである。アスクィスとロイド・ジョージの個性によって，自由党は徐々に分裂状態に傾いた。1918年の5月に国会内での，ある重要な投票が行われ，98名の自由党議員がアスクィスを支援したのに対して，ロイド・ジョージの得票数は僅か71票。しかし統一派が徹底的に彼を支援した。これを機に，自由党が完全に復帰することは，絶えてなくなった。

　1918年12月，休戦のあとにロイド・ジョージは選挙を行い，その中で彼は，彼自身とボナ・ロウとを首脳にした連立を組むことを戦術として公表した。これが有名な「クーポン選挙」というものである。連立候補者は，両方の党主（「クーポン」の渾名がついている）から支援約束の手紙をもらえるからそう呼ばれるのである。そこではじめて有権者集団の大群が参集したのである。1910年には800万，そして1918年には2200万の投票者がいた。30歳以上の婦人にも選挙権が与えられた——戦時中の軍需品労働者たちは，戦前の婦人参政権論者が

163

ぶざまな早とちり（1918年）

　総選挙は，向こう3年間延期になった。ロイド・ジョージが国民的連立内閣を持続させたかったのである。彼はアスクィスに大法官の地位を提供し，労働党にも地位を与えた。停戦後3日目に，ジョージ・バーナード・ショウは労働党の会議に向かって言った。「ロイド・ジョージのところへ行って言い給え，『何もかもなっとらん』と」。

　この風刺画は，11月に労働党支援の新聞『ザ・ヘラルド』に掲載された。ロイド・ジョージとボナ・ロウが連立候補者を支援することで同意し合い，そこで認定された候補者たちは，互いに敵対してはならない旨の選挙協定がつくられていた。いわゆるクーポン選挙の源は，ロイド・ジョージ——戦いの勝者にあった。もちろん軍人を含めて，21歳以上のすべての男性は，たとえ持家居住者（ハウスホールダー）でなくても，被選挙民になれたのである。ロイド・ジョージは，絶対多数を勝ちとった。そして労働党のリーダーであったラムゼイ・マクドナルドは，彼の平和主義が崇って，議席を失った。

　「ぶざまな早とちり」は，オーストラリアの社会主義者で，1909年にロンドンに定着したオーストラリアの社会主義者，ウィル・ダイソンによって描かれた作品だ。全面的に労働者に同情を向けた最初の風刺画家であった。

　ここでは，立派な服装の政治家ではなくて，苦しめられている軍人が，戦いに勝っているのである。ダイソンの描き方は，鮮明であり，力強さや暴力さえも風刺画に再び取り入れられている。彼の作品の質は大きく変化するが，彼が20世紀初期の主要な風刺画家の1人であったことは，疑い得ない。

イングランドにおける新進の英雄的テノール歌手（1916年）

これはドイツの風刺雑誌『クラダラダッチ』に紹介されたロイド・ジョージの画像である。国王ジョージ5世が「ルール・ブリタニア」〔Rule Britania. 英国の愛国歌〕を歌うのに，ロイド・ジョージのほうが，アスクィスよりも一枚上であることを認めているところが描かれている。この時代におけるドイツの風刺画は，国内の諸事情に関して国王が現実にあったよりももっと大きな影響力を発揮していたものと想定している。

達成し得なかったことを勝ちとったのである。それは不浄な戦いであった。ロイド・ジョージは国粋主義のカードをもてあそび，アスクィスは首相の座を失った。

1918年から1922年までの連立内閣を支持した議員たちは，のちにスタンリー・ボールドウィンによって，「戦争でたっぷり利益を得たかのように見える鉄面皮」として描写された。内閣にははなやかな人物たち——ビーヴァーブルックの言葉でいえば「極楽鳥」で満ちていた——チャーチル，カーゾン，F・E・スミスらのような人たちのことである。彼らを互いに結びつけているのは，権力愛であった。

その頃はロイド・ジョージの全盛期であった。ボナ・ロウの評によれば「ロイド・ジョージは，そのつもりであれば，生涯を通じて首相の座についていることができたはずである」。彼は何であれ，ほとんどしたい放題だと信じていたし，ダウニング街では「庭園郊外」と名づけられた一集団と連れ立って，田舎を走り回ったりもした。彼は勲章を売ることによって，彼自身のための戦費を創出するようなこともした。彼はまた女たらしとしての名声をも，その実力をもって勝ちとった。にもかかわらず，彼の好色の冒険はどの風刺画にも記録されていないのである。10番地での彼の秘書だったフランセス・スティーヴン

ソンは，彼の情婦であったが，のちには妻になった。

　1920年代のはじめ頃には，「英雄たちの住居にふさわしい土地」における失業率が20％に上昇した。保守党議員たちがカールトン・クラブ[1]に会合を開いて，各党の指導者たちの助言を無視して，彼らはもうこれ以上連立内閣を支持しないことを決めた。彼らを特に大きく動かしたのは，スタンリー・ボールドウィンの演説であった。彼はロイド・ジョージについて，「ダイナミックな力は，恐るべきものだ」と言った。ボールドウィンは1921年に通商産業大臣に任じられたが，政界に入ったのはミドランズの産業家として成功を収めた後のことで，遅くなってからのことであった。連立は崩れて，ロイド・ジョージは，辞職した。

　ロイド・ジョージの後を継いだのは，アンドリュー・ボナ・ロウ。保守党のリーダーたちのほとんどが，彼の部下になるのを拒んでいたので，ボナ・ロウの内閣は，「第二の11番地内閣」と呼ばれた。しかしボナ・ロウは選挙に訴えた。そしてそのときはじめて指導的野党として頭角を現していた労働党より200人を上回る多数を勝ちとった。

　ボナ・ロウは中道の右寄りから指導をとることによって，保守党全体を巧み

議論（連立の図）（1921年）

　ニュージーランド出身のデイヴィッド・ロウは，連立内閣のイメージを，ロイド・ジョージが乗った2つ頭のロバ[2]として創り出した――余りにも強烈で正確に表象されているので，おそらくそれが連立の敗北につながったのだろう。

　ロウは1920年代から1950年代に至るまでの間に，広い範囲にわたって政治的影響を及ぼした，数々の迫力に満ちた画像を創生した。20世紀最高級の風刺画家として多くの人に注目される所以である。彼の評判が余りにも高いので，彼が晩年に『ザ・ガーディアン』で仕事を担当するようになったときには，そこの社長よりも高い給料が支払われた。彼は最初『ザ・スター』紙に登場し，それから『イヴニング・スタンダード』に移った。そこではその新聞発行者のビーヴァーブルックから，相手が誰であろうと，――通常はトーリー党であったが――自由自在に描きまくるように勧められていた。

第13章 ロイド・ジョージと自由党の衰退

名誉章の売買（1922年）

連立内閣のあいだには，名誉章が大々的に売られていた。売った額のある部分は，自由党から出たものとはまったく別にロイド・ジョージ自身の政治資金にまわされた。ナイト爵位は1万ポンド，準男爵位は4万ポンドだったが，貴族のものになると10万ポンドの値がついた。ロイド・ジョージが利用していたエージェントは，モーンディ・グレゴリで，彼はのちに刑務所入りになった。

ロイド・ジョージは，保守党のJ・G・デイヴィッドソンに向かって言った。「君と僕とは名誉章を売るのが，政党にとって金を産み出すのに最もクリーンな方法であることを知ってるよね。最低なのは公衆の前で，うまく弁護ができないことなんだ」。この名誉章売りはのちに，1925年の爵位乱用禁止法の制定につながった。

脚光を浴びる（1922年）

1922年の総選挙のとき，労働党は最大の野党になっていた。ラムゼイ・マクドナルドの絶頂期であった。労働党における彼の人生は浮沈さまざまであった。1914年には彼は党の議長であったが，非戦論の立場に立ったためとして，彼はアーサー・ヘンダソンと入れ替えられた。ヘンダソンはのちに戦時の連立内閣で労働党初の閣僚に加わった人物である。

マクドナルドは1918年に，議席を失った。そして1922年に辛うじて下院に復帰した。その選挙の際にはヘンダソン自身が議席を失った。そこでマクドナルドは，幸運にも再び労働党のリーダーになった。それから18か月以内に彼は，労働党初の首相として，10番地入りを果たすことになった。ここに掲げた風刺画は，1910年から1945年まで『パンチ』の代表的風刺画家であったバーナード・パッドリッジによる作品である。

167

わが足跡，面白きかなわがページ（1923年）

　風刺画家たちは，たくましい首相のあとに貧弱なのがつづくのを描出して大いに楽しんでいた。ピットのあとにはアディントン，チャーチルのあとはイーデン，マーガレット・サッチャーのあとはジョン・メイジャー，そしてこのストルーブの風刺画に描かれたロイド・ジョージの後継者ボナ・ロウは，いずれもその類である。

　シドニー "ジョージ" ストルーブは1918年から1948年にかけ『デイリー・エクスプレス』紙に風刺挿絵を描いた。彼の挿絵の中でも有名だったのは，傘を持ち，蝶ネクタイをして山高帽をかぶった「小男」であった[3]。これは誰を描き表しているのか，読者は問いかけられているのである。ストルーブの風刺画は，大変な人気を博し，ロウと同じように，それで多額の収入を得た。

にとりまとめた。彼は保護政策とアルスターを支持していた。その点に関する保守党リーダーとしての役割を彼は次のような記憶すべき言葉で表した。「私は彼らに従わねばならない，私は彼らのリーダーなのだから」。彼が首相の地位についていたのは，僅か209日間に過ぎなかった。不治の咽喉癌にかかっていたのである。ウェストミンスター・アビーにおける彼の葬儀の場において常にボナ・ロウを見下していたアスクィスは言った。「われわれが知られざる首相を知られざる兵士たちの傍に埋葬したのは，相応しからぬことではない」。

　ボナ・ロウは病気のせいで，事実上ものが言えず，辛うじて書き表すことしかできなかったので，ジョージ5世に後継者を推薦することができなかった。国王はきっと最も熟練度の高い保守党政治家，ジョージ・カーゾン侯爵を選ぶものと，多くの人びとは思っていた。彼は保守党の指導者たちの中で，最も人気が高かったわけではない。しかし上院議員の経歴があったのは，決定的に不利な点であった。というわけで彼は，総理大臣になり損なったばかりの階級の仲間入りで終わったのである。

代わりにジョージ5世が白羽の矢を立てたのは，大蔵大臣，スタンリー・ボールドウィンであった。彼の昇進は，劇的に速かった。1916年にボールドウィンは，議会におけるボナ・ロウの個人秘書に選ばれた——単なる公的な雇用でさえなかったのである。6年も経たない内に，彼は早くも10番地の主になった。彼の内閣は8か月しか続かなかった。ボールドウィンが保護政策の擁護を表明し，12月には自由貿易か保護政策かの古い論議をかかげての選挙を行うことを決めたからである。これは自由党の結束を招くことになり，誤算であった。保守党は90議席を失った。ラムジー・マクドナルドの指導のもと労働党は，191議席をもつ野党第一党として再出現した。さすがのトーリー党も，労働党内閣の可能性に青くなった。1924年1月に下院における敗退の後にボールドウィンは辞職した。

ジョージ5世は，憲法の慣例に従って，野党の指導者，ラムゼイ・マクドナルドを呼んで，彼の党が下院において多数を占めていたのではなかったけれど，内閣の組織を命じた。マクドナルドはその当時，まだ枢密院のメンバーにもなっていなかった。そのため首相になる前に，彼は宣誓をさせられた——わが国の歴史でこのことが必要とされた，たった1人の首相であった。

マクドナルドが首相になることを許容されていたのは，1年以内——彼は地位にはあったが，権力があったのではなかった。1924年10月の総選挙において，労働党は余りにもソヴィエト側に寄りすぎて，大打撃を受け，40議席を失った。しかし本当の敗者は自由党であった。それから2年間，アスキスは自身がまるで操り人形師だとしか考えられなかった。そしてなんとか自分を元の地位に戻すように操作しようとしていた。1924年の選挙を通じて自由党は，ほとんど忘却の彼方へ押しやられた。

訳注
(1) カールトン・クラブ。1832年，選挙で敗退した179名のトーリー党員が，自党の失地回復と選挙法改正阻止をめざして設立したクラブ。セント・ジェイムズ・ストリートにあり，イギリスを代表するクラブのひとつ。
(2) ロバ（donkey）は，ばか者，トンマの象徴。
(3) この画家の名前がSidney Conrad 'George' Strubeとなっているのは，ストルーブが自らの名をいうときに "ジョージ" を付け足していう習慣があったことによる。

ここに述べられている「小男」(Little Man) は，長年にわたって街頭で貧しい生活に苦しんでいる男の「ナショナル・シンボル」になった。Mark Bryant and Simon Heneaqe, *Comp. Dictionary of British Cartoonist and Caricaturists 1730–1980*, Scolar Press, 1994, p. 211.

第*14*章

ボールドウィン商会

総理大臣

1924年9月：スタンリー・ボールドウィン

（のちに初代ビューリー・ボールドウィン伯爵）（二次内閣）

1929年6月：J・ラムゼイ・マクドナルド（労働党内閣）（二次内閣）

1931年8月：J・ラムゼイ・マクドナルド（挙国一致内閣）

1935年6月：スタンリー・ボールドウィン（三次内閣）

1937年5月 - 1940年5月：ネヴィル・チェンバレン

スタンリー・ボールドウィンは，1923年から1937年まで，英国の政治を支配していた。彼は静かな物腰で思いに耽りながら平穏にパイプをくゆらせるのが特徴であった。彼は本来が懐柔派の質で，譲歩を求める方であった。彼はコンセンサスの政治を発明した。英国の田園地方や言語に対する彼の愛着は，彼の感動的演説の源泉となって全イングランドの精神を包みこむようになった。

しかし彼は，彼よりもっと雄弁な，民衆に受けのよい，カリスマ的な政治家の面々を相手に，事を進めねばならなかった。ボールドウィンがロイド・ジョージとチャーチルの両人の政治家ぶりを効果的にチェックし得たのは，彼の不屈頑強な性格の賜物であった。結果として，彼ら両人は，おそらくボールドウィンの政治的能力をやや高く持ち上げすぎた感がある。ロイド・ジョージは思った。「彼は，私が出くわしたなかで，最も恐るべき敵対者だった」。そしてチャーチルは彼のことを「今日までの保守党がもち得た最も偉大な統轄者だ」と言った。

ボールドウィンは，紛争解決の手腕を揮うときが，最も冴えていた。9日間にわたるゼネスト（1926）の期間中，産業労働者たちの暴動は，忍耐の限界に達していた。それでも彼は独自の操作の術によって，暴力を回避した。しかしながら失業問題に関しては，彼もなす術がなかった。そして1929年に彼が「安全第一」のスローガンをもって難局を切り抜けようとしたが，保守党は敗退した。労働党が第一党となり，ラムゼイ・マクドナルドが，10番地に呼び戻され

171

雪合戦の歌（1928年）

　雪男，ボールドウィンに向かって雪の玉を投げるのは2人の『反ボールドウィン・サンディカリスト・プレス[1]』である。彼らは叫ぶ。「われらが共に玉をたくさん投げれば投げるほど……」。そこでボールドウィンは悠然と応える。「わしは軍人になろう」と。

　ビーヴァーブルックは，ボールドウィンが恐るべき狡猾な悪党で，生来の大嘘つきだと思いこんで，彼を軽蔑していた。そしてビーヴァーブルックとローザミアは新聞でのキャンペーンで，指導者としてのボールドウィンを溝に流してしまうべきだと，トーリー党員たちに力説した。そこでボールドウィンは，いとこのキプリングに依頼して，最も辛辣な軽蔑の効いたこきおろしの文章を書いてもらった。

　「これらの新聞の所有者が狙っているのは，権力，責任を伴わない権力である——あらゆる時代を通じての売春婦の特権である」。

172

第14章　ボールドウィン商会

トップハット（1926年）

ボールドウィンによる最も驚くべき役職の指名は，大蔵大臣としてのウィンストン・チャーチルであった。チャーチルは，びっくりするようなキャリアの持主であった。まず保守党からはじまって，1904年に自由党に転じた。そして連立内閣の期間中にはロイド・ジョージの側につき，1923年の選挙に際しては，成功はしないながらも，自由党員として戦った。1924年に行われた補欠選挙では，彼は無所属として立ったが，そこでは3政党の立候補者全員が彼の反対にまわった。

同じ年の総選挙では，彼は「立憲主義者」と名乗った——それがどういう意味なのか，誰も本当のことを知らなかったが，地方の保守党協会が彼を支援した。彼の行動が余りにも危険で放置するわけにいかず，中へ引きこませた。ディズレイリと同様，チャーチルは

数字や経済的な問題について，本当の理解力をもっていなかった。彼はまもなくイングランド銀行総裁に頭をさげた。総裁は1926年にチャーチルに向かって金本位制を復帰させるように説き聞かせていたのである。これが実は悲惨な大失敗だった。恐慌を一層深刻化し，失業者を増大化させる結果になったのである。

かいつまんで言えば（1931年）

この図は挙国一致内閣の期間中におけるラムジー・マクドナルドのジレンマを描き表したものである。彼は自由党からの後援を必要としていた。とはいってもロイド・ジョージは，ほんのひと握りの票を送ることしかできない——本当は乏しい立場にあった。ラムゼイ・マクドナルドは，ボールドウィンと共働をしていて，ロイド・ジョージを荒野に放置したままであった。ロイド・ジョージは，マクドナルドを馬鹿にしていて，1931年には彼のことを，「大言壮語の社会主義派の英雄も，シティの財政のイタチどもに呼び出されて，彼らの怒りに面と向き合ったときには震え上がって，ねずみの鳴き声しか出せなかったもんだ。革命の指導者のなんたる様かね！」と言ったりもした。

ロイド・ジョージの風刺画を描くとき，シドニー・ジョージ・ストルーブは，その傍にマンゴルドワーゼル(2)と雉子(キジ)とを添わせて描

くのが常であった。

何年も前にロイド・ジョージが雉子に関する講演をしたことがあった。その雉子は地主の狩猟用に育てられていたのだが，彼が断言するには，それが借地人の農夫の家畜の飼育に必要なマンゴルドワーゼルを食べてしまうのであった。雉子がマンゴルドワーゼルを食べるのか，農夫たちの間で相当の論争があったが，ストルーブはロイド・ジョージに，この大層な物語を決して忘れさせようとしなかった。

おめでとう，マクドナルドさん
（1931年）

1931年の選挙で，保守党とその連合は521議席を獲得したのに対し，労働党は約50議席の残党に落ちこんだ。風刺画はデイヴィッド・ロウ。

ることになったのである。

　そのときマクドナルドは62歳。フェビアン協会員，ベアトリス・ウェッブが言ったように，「指導者の交替として，打ってつけ」の人物であった。高い背丈と澄んだ声色に助けられた彼は，堂々として存在感たっぷりであった。ロイド・ジョージによればマクドナルドは「彼を悩ますだけの良心をもっているが，それは彼を実直ならしめるのに十分ではなかった」。

　マクドナルドは，スコットランドのロジーマスの生まれで，非嫡出の身で総理大臣になったのは，彼1人だけであった。彼は国内の出来事よりも外国の方を好んだ。そして彼の敵方にとっての彼は「骨のない不思議人間」であった。

　1930年にハロルド・ニコルソンは，ラムゼイ・マクドナルドが彼に向かって言ったことを日記に書き記している。「もし神が私のところに現れて，『ラムジーよ，あなたは総理大臣になるよりも，田舎のジェントルマンになるほうがよいのでは？』と聞かれたら，私は『どうか神様，田舎のジェントルマンを』と答えただろう」といった内容である。

　労働党政権は，綱領がなかったし政見もほとんどもたなかった。彼らは1929年のウォール街の相場の急落に伴った世界的規模の大恐慌に圧倒されてしまった。オズワルド・モズリーは，内閣が彼の政策を受け入れようとしないのを知ると，内閣を辞職して，数年後にはファシストのリーダーになった。大法官のフィリップ・スノードンは均衡のとれた予算の厳格な信者で，失業者に対する特別手当の10％削減を提案した。アーネスト・ベヴィン率いる労働組合は真っ向からこれに反対であった。内閣は事実上平等に分割され，1931年に労働党内閣は総辞職した。次いでマクドナルドが首相のままで挙国一致内閣が組織され，

第*14*章　ボールドウィン商会

A Dead Cert（必勝）（1931年）

風刺画家ストルーブは，1922年から1939年までのロイド・ジョージの地位をこのように表象している。死んだ馬の騎手であったばかりでなく，私設馬券屋を営み，小舟も漕いでいた。

　トーリー党と自由党がそこに含まれた。この難局に際しての皮肉な出来事は，労働党内閣が，ポンドを保護しようとしたために倒れたことである。しかし数日のうちに，そんなことはもとより不可能であったことが判明，英国はそれまで英貨〔＝スターリング〕の金への完全な兌換を可能にしてきた金本位制を放棄した。

　多くの人たちがラムゼイ・マクドナルドの党に裏切られたと思い，それがために彼は絶対に許すことのできない首相と見なされた。彼はほとんど即座に指導権を失った。そして1931年の選挙では，大方の労働党指導者が敗北した。労働党には今や僅か約50人の議員の小集団が残るだけとなったのである。自由党は33議席を獲得した。そして「ロイド・ジョージ党」には4人——彼自身と彼の息子とその婿——が残るだけとなった。

　挙国一致内閣でのラムゼイ・マクドナルドは，次第に老化の進んでいく名目だけの長であった。実際の力量は，ボールドウィンによって発揮されることになった。1935年にボールドウィンは，3度目の首相になった。1936年にあの王位放棄の騒ぎ[3]が発生したときに，彼が首相であったのは，英国にとって幸運であった。しかし彼の政府は，次第に高まるムッソリーニとヒットラーの脅威によって支配されるようになった。

　チャーチルは保守党からの登院要請を受けつづけていたが，彼は反対党の非公式の指導者になっていた。1936年12月に彼は，ボールドウィンの全スタイルに関して，最も雄弁な攻撃のひとつを公表した。「政府は全く決心を定めようがなかった，というより彼らは首相に決心をさせようがなく……決心がつかないことを決めただけ，そして優柔不断を決めこみ，頑として漂流をつづけ，断固として流動し，全力をしぼって無気力になった。そのようにしてわれわれは

175

政治的マジシャンたちの食事会にて（1931年）

この風刺画は，ジョージ・ストルーブの作品で，失業者数と向き合ったときの，すべての政治家や政党員たちが示す場違い感をドラマティックに描いている。1930年代のはじめ頃には，マジックが大流行であった。ここでは集まった政治家たちが得意の業を披露しにかかっているところである。ロイド・ジョージは，皿まわしをするマクドナルドの胸部から雉子を引っぱり出している。ボールドウィンはハンカチで手品をして見せる一方で，チャーチルはインド法案に対する反発のしるしとしてターバンを巻き，薬味瓶をもって手品を演じている。フィリップ・スノードンは，すべての蔵相がやること――小男のポケットからお金を引っぱり出す――そしてモズリーは，左側のジミー・マクストンが掲げている労働党の政策を燃やしている。全員がイヴニング・ドレスをまとっているのだが，仕事を生み出せる者は1人もいなかった。

新品のシーソー（1935年）

1935年にボールドウィンは，挙国一致内閣の首相として，マクドナルドの後を継いだ。初秋の頃にイタリアがアビシニアを攻撃し，総選挙が行われた。選挙運動中にボールドウィンは，彼の有名な声明を発表した。「国民の皆さまに申し上げます。大きな軍事力はもう尽きる頃であります」。

労働党はむしろ1931年の選挙より成果をあげて，政権党が432議席であったのに対して154議席を獲得した。マクドナルドは彼の議席を失った。あまり知られていないライムハウス選出の国会議員，アトリー少佐が，労働党の指導者になった。ここに示したのは，彼が描かれた最初の頃の風刺画のひとつである。シーソーにしがみついている他の3人のうちの1人は，小さな独立労働党のリーダー，ジミー・マクストン，自由党からのサー・アーチボールド・シンクレア，そしてようやくしがみついているのは，ロイド・ジョージである。

この風刺画はE・H・シェパドによって描かれたものだが，彼はテニエルと同じように，本の挿絵画家として，より有名であった――そしてA・A・ミルンの『熊のプーさん』に挿絵を描いたので知られるが，『パンチ』向けの定期的政治風刺画家であった。

準備に年月をのばしつづけて、イナゴがすべてを食い荒すのを待つのみとなる[5]」。1923年にボールドウィンは思いきって強力なリーダーシップをとろうとして、勇敢に保護政策に乗り出したが、彼の政府は敗北した。彼に関する限り、2度とないことであった。

たいていの風刺画家たちは、ボールドウィンを賢明で柔和な政治家として表象していた。しかしデイヴィッド・ロウは、彼の無頓着な独裁者的な振舞いに対して厳しい批判を浴びせている。特に1936年の選挙で彼が多数をもって勝利を収め、再軍備のプログラムを立て直してもよい情勢になったときには、そうであった。

ボールドウィンの後継者ネヴィル・チェンバレンの代には、その傾向が一段とひどくなった。彼はほとんど生涯を通じて、家庭的な事柄——特に住居としての家と健康——を大切にしていた。その点で彼は、1920年代と1930年代を通じて、最も刷新的な大臣の1人であった。

私にすべてお任せを（1935年）

1935年10月にムッソリーニの軍隊がアビシニアに侵攻するよりひと月前に、英国の外務大臣、サー・サミュエル・ホアは、侵略行為を内に秘めていたことを意味する国際連盟を熱心に支援していた。11月における総選挙のあいだ、ホアもボールドウィンも共に、国際的調停役としての国際連盟の重要さを論じ、イタリアに対する制裁を支持した。選挙後に英国政府は、いかなることがあっても、ムッソリーニとの戦争を回避することを決定した。これがあの悪名高いホア＝ラヴァル協定になって現れ、12月に知れ渡るようになった。それはムッソリーニにアビシニアの土地6万マイル四方を与え、彼の侵略部分を全額清算する、という提案であった。国民からのごうごうの非難があがり、ホアは退職を余儀なくされた。

まだ希望が（1938年）
わが闘争（1938年）

　チェンバレンは，個人的にヒットラーと会うことによって，チェコスロバキア問題に関して彼とゆっくり話し合いができるはずだと信じこんでいた。ミュンヘンで彼らはチェコのある部分の土地をヒットラーに譲ることで同意した。

　チェンバレンは，ヒットラーと彼自身とがサインをした有名な紙片を携えてイングランドへ戻った。その紙片には英国とドイツは戦争をしないということが明記されていた。彼は英雄としての歓迎を受け，10番地の窓から彼は「われらの時代における平和」を宣言した。それから6か月が経たないうちに，ヒットラーはチェコスロバキアの西部を奪い取った。1939年にロイド・ジョージは，いつものように辛辣な口調で言った。「ネヴィルがやらかした最悪なことは，ヒットラーを彼に会わせたことだ」。

　ここにあげた二葉の風刺画は，それぞれが3日のうちに現れた。『パンチ』に掲載されたイリングワースの風刺画〔右上〕は評判が高かったが，『イヴニング・スタンダード』に載った，デイヴィッド・ロウの作品〔下〕

は余り受けなかった。レズリー・イリングワースは，多くの雑誌や新聞にも描いていたが，主だっていたのは『パンチ』であった。『パンチ』の編集者，マルコム・マガリッジは，イリングワースの死亡記事の中で述べている。彼の風刺画はロウの作品よりも長もちする。というのは，イリングワースの作品は，「意地悪の皮肉ではなくて雄大なスタイルによる風刺であり，実用的であるよりも戦略的な価値をもっているからである」。

178

第14章　ボールドウィン商会

彼は今や世界の政治に飛びこみ，宥和政策の先頭に立った。その最高水位は，
1938年のミュンヘン条約[6]であった。その条約のちょうど6か月後に，ヒット
ラーは，チェコスロバキアの西部を併合した。

1938年のしばらくの間，世界的に偉大な調停者の1人としてのチェンバレン
のために祝賀会が催された。そのときに歌われた流行歌には "God Bless you
Mr. Chamberlain" というリフレインがついていた。背後のベンチには彼の手
ごわい雄弁家の敵手，ウィンストン・チャーチルの姿があった。宥和政策に反
対の論陣を張っていた大物である。それにはデイヴィッド・ロウが同調してい
た。彼の風刺画には，反ナチスと親チャーチルの図が実に効果的に描出されて
いたので，ドイツの外務大臣リベントロップは，英国の外務大臣ハリファックス
に，そのことについて苦情を申し入れるほどであった。

1939年，第二次大戦が始まったとき，チェンバレンはチャーチルを招いて，
海軍本部委員会第一委員〔＝海軍大臣〕として閣僚に加わることを要請した。
先に外務大臣を辞職していたアントニー・イーデンも入閣することになった。
初段階では自由党からも労働党からも閣僚に加わった者はいなかった。

チェンバレンは，戦時のリーダーとして，アスキスにさえ及ばないほどの
無能ぶりであった。1940年5月に，保守党の平議員連が反乱を起こし，そのた
めに保守党の多数勢は81に減少した。最初のうちは，あたかも宥和政策者でチ
ェンバレン内閣の外相であったハリファックスが入れ替わるかと思われたが，
彼は上院議員であったために，幸いにもそれは実現不可能であった。この場合
に明らかに最適任であったチャーチルが総理大臣に任じられたのである。甚だ
感心なことに，労働党や自由党が，チャーチルのもとで協力することに同意し
た。ということで，英国の歴史の中で最も悲惨な時期のひとつと思われる数十
年が無事に過ぎたのであった。

訳注
(1) サンディカリスト・プレス。ゼネスト，サボタージュなどの直接行動によって生
　産と分配の，ひいては社会の支配権をその手に収めようとするフランス起源の労働
　組合運動を基盤にして発展した新聞。
(2) マンゴルドワーゼル。Mangold-wurzel。植物飼料用のビート（西洋赤カブ）。
(3) 王位放棄。ジョージ5世の第一子，エドワード8世（1894-1972）が，2度の離

179

婚歴のある米婦人ウォリス・シンプソン夫人との結婚のため，1936年に弟のジョージ6世に位を譲り，ウィンザー公となった。

(4) 1783年に東インド会社の改革を定めた法案。主としてエドマンド・バークによって起草され，フォックス＝ノースの連立内閣によって導入されたが，実を結ばなかった。

(5) 『旧約聖書』「出エジプト記」10-1-20「いなごの災い」参照。

(6) 1938年9月29日に締結された，ズデーテン地方（チェコスロバキア北部および西北部山岳地方）をドイツに割譲させることなどを定めた英国，ドイツ，フランス，イタリア4か国間の条約。

第15章

チャーチル

総理大臣

1940年5月：ウィンストン・チャーチル

1945年7月：クレメント・アトリー（のちに初代アトリー伯爵）

1951年10月：ウィンストン・チャーチル

1955年10月-1957年1月：サー・アントニー・イーデン（のちに初代エイヴォン伯爵）

チャーチルは国の指導者になるように，歴史に呼ばれていたことを本能的に感じとっていた。1940年に首相に就任したときに彼は，「あたかも運命と共に歩いている気がした。そして今までの人生は，この時と今の試練に立ち向かうための準備にほかならないのだと感じとった」。第二次世界大戦中における彼の指導に関しては，膨大な記録が残されている。憲法上から見て興味深かったのは，彼が首相に任命されたとき，彼は保守党の指導者ではなかったが，あとになって，その任に就いた，ということである。彼は，2名の保守党議員と2名の労働党議員とで5名の大臣から成る戦時内閣を統轄していたのである。

チャーチルは，連立内閣を組んで，その指導に当たる方をはるかに強く望んでいた。このやり方は，風刺画家たちによる彼の描き方にもよく表されている——英国の典型とも言える。デイヴィッド・ロウや，のちにはヴィッキーといった，左翼出身の風刺画家たちもファシズムや宥和政策に反対であったチャーチルを尊敬するようになっていたのである。そうであったがゆえに彼らはチャーチルに対して寛大であった。国家に危機が迫りつつあった戦時中には，風刺画家たちの彫刻刀の先にも鈍りが生じていたのである。

チャーチルは，少なくとも日本が降服するまでは，連立内閣を継続させたかった。しかし労働党が早期の総選挙を欲した。チャーチルは，彼の個人的人気と，彼がチャタム以来の最高の戦時リーダーであった事実を利用することを思い，1945年7月に選挙を実施した。その結果を見て，彼は動転した——労働党が180人の多数を得ていたのだ。大戦間における保守党政権の記録と，労働党

みんなついて行きますよ，ウィンストン（1940年5月）

　これはおそらく20世紀で最も有名な風刺画である。ロウはこの状況を正確に要約している——すべての政党が，ウィンストン・チャーチルの一歩うしろについて行進している。ネヴィル・チェンバレンは彼の後を継いだ人物のすぐうしろにつづき，その年の後半に健康が崩れるまで政権に留まっていた。他の保守党としては，ハリファックス卿，アントニー・イーデン，サー・キングズリー・ウッド，そしてダフ・クーパーがいる。労働党員としては，クレメント・アトリー，アーザー・グリーンウッド，アーネベヴィン，ハーバート・モリソン，A・V・アレクサンダーがいる。自由党首のアーチボールド・シンクレアも，そこに加わっている。

　3政党の連立は，異例の緊密さである。保守党と労働党の院内幹事でさえも融合している——そこではこれ以上の国民的結束を身ぶりをもって表すことは，不可能である。

が終始一貫して巧みに票を集め，かつその思想を宣伝して回った，一糸乱れぬやり方が，チャーチルの敵にまわった。戦争で勝利を収めた点に関しては「ありがたい」。しかし選挙民たちは，彼らが称讃した戦争のリーダーと，彼らが賛同しなかった政党のリーダーとを区別していたことが，これで明らかになった。

　アトリーは首相の座についたときに，2つの大きな特典をもっていた。彼は

第15章　チャーチル

動作は機敏に（1940年）

ストルーブによるこの風刺画は，英軍がダンケルクから撤退したあとに現れた。英軍が孤立状態で，ドイツ軍の侵略の脅威にさらされていたときのことである。英国軍だけでなく，チャーチルにとっても，まさに，危機一髪のときであった。この風刺画は，ポスターとして再製された。

やー，これが後家のファティマでないのなら，いったい誰なのか？（1943年）

チャーチルは，ルーズヴェルト大統領とド・ゴール将軍との会合を開くために，カサブランカへ飛んだ。しかし安全のためにその会合については一部始終完全に秘密に閉ざされていた。最後の日になってはじめてニュースが流れることになっていた。

オズバート・ランカスターは，そのとき事実上ポケット・カートゥーンを生み出した。『デイリー・エクスプレス』紙の最初のページのひとつのコラムの上に，約3インチ大の画像を描いたのである。彼はそれ程の限られたスペースを利用して，実に辛辣な社会批判を描いて偉大な喜劇的な効果を創生したのである。これは，ランカスターが首相を描いたごく少数の風刺画のひとつである。その頃に

英国の戦争の狙いは？（1941年）

チャーチルは，ドイツの新聞ではどのように風刺されていたのか……彼は侵略者である。ドイツが欲しいのは，一にも二にも「自由な国ドイツでの生活」である。ゲッベルスは，この風刺画をきっと自慢に思っていたことであろう。

は，ちょうど巻きタバコ用のパイプが，ルーズヴェルトの象徴になっていたのと同様に，葉巻きタバコが，チャーチルのシンボルになっていたのである。

183

シガー・スモーク（1943年）

　チャーチルのこの上ない自信に満ちた姿を，マックス・ビアボウムが雄弁に描き表した肖像である。未刊のままであったこの風刺画は，彼の死後になって，イタリア・ラパロのヴィラ・キアロにあったマックス・ビアボウムのポートフォリオの中から発見された。

ポツダム（1945年）

　連合国の指導者たちは，戦勝国の間で最終的な領地分割の合意をまとめるために，ポツダムに集まった。スターリンは，ケーニヒスベルグを取った。1939年以前の領地の半分近くをソヴィエト連邦に奪われていたポーランドは，東ドイツの一部分で埋合わされた。しかしすでにロシアや連合国は，彼ら自身の利害関係に深い関心をもつようになった——そこで冷戦が始まったのである。

　ポツダムの会合の前に選挙が行われることになった。しかし海外からの正規の票がすべて収集されて票読みがなされるまでには，数週間を要した。そのために問題の会合には，総理大臣としてのチャーチルが参加した。3人の巨頭が会合を開いていたときに，彼の敗北の報が伝わった。閉会には，アトリーが総理大臣としてそれに出席した。だが，ポツダムでどちらかの首相が，よほどの大物であったかは疑わしい。世界に対する英国の影響力はすでに欠けはじめていた。

　そのことがヴィッキー——ヴィクトル・ワイツ——によって風刺画化されている。このハンガリー出身の社会主義者は，1930年に身を隠して英国に定着していた。彼は最初『ニューズ・クロニクル』に風刺画を載せていた

が，それから『デイリー・エクスプレス』に移った。彼は戦後最大の風刺画家の1人になったのである。

2人のチャーチル（1945年）

ロウはチャーチルのジレンマを描いている——チャーチルは戦時にあっては国民のリーダーとして訴える力が強かったが，平和なときのトーリー党のリーダーとしては，そうはいかなかった。

下院において初めて労働党の多数を擁していたばかりでなく，戦時中に経験を積んだ大臣たちを利用することができた。アトリーは，急進的な変化のプログラムの実施に取りかかった。インドには独立が与えられ，国民のヘルス・サーヴィスが，アナイアリン・ビヴァンによって制定された。そして石炭，鉄道，鋼鉄，ガス，電気等，主要な産業が国営化されるようになった。温和で気どらないアトリーは，往々にしてジャーナリズムや風刺画によってあしらわれたり軽んじられたりしたが，彼は20世紀を通じて最も実践力豊かな労働党の総理大臣であったのである。

この当時のアトリーにまつわるひとつのジョークがある。あるとき空のタクシーが，ダウニング街の10番地の前に停まった。ドアが開いて中からアトリーが出てきた。しかしこのとき彼は，ちょうど彼自らが書いていたリメリック[1]の中の最後の語を書き入れたところであった[2]。

　わが人生の始まりさえ思わぬ人のあり
　われこそ世の才人と思う人の多かり
　されど前者は首相を終え
　名誉勲爵士にメリット勲位
　伯爵の地位にガーター勲爵士

対外事情はすべてアーネスト・ベヴィンに任されていた。ベヴィンにとって外務省は，彼自身の労働組合[3]も同然であった。NATO〔北大西洋条約機構〕が設立され，原子爆弾が開発された。そしてロシアの封鎖の間は，ベルリンが支

185

多分あなたは，アトリーに……の魅力があったなら，とお思いなのでは（1950年）

　アトリーは，第二次大戦以後最も評点の低い総理大臣であった。彼はどんな類のものでも芝居がかったことは一切避けていた。そして「カリスマ」という語にはおそらく見向きもしなかった。あるときチャーチルは，彼のことを「おとなしい男だ，まわりにはおとなしくせねばならないものが多いのだから」と評した。

　マイケル・カミングズは『トリビューン』のマイケル・フットによって風刺画家としての最初の仕事を与えられた。しかし1949年から彼は『デイリー・エクスプレス』に仕事の場を移した。彼は実際に見た総理大臣を次々と描き表し，その数は現在のどの風刺画家も及ばない程であった。彼はチャーチルのお気に入りの風刺画家で，仲間より右寄りの政治家に共感を寄せていたが，このことが何人かのトーリー党の首相に向かって鋭く攻め込む妨げになることはなかった。そしてマーガレット・サッチャーは，彼にとって永遠のヒロインであった。

援した。トーリー党は誰一人として，外務省における英国の利害関係の問題の処理について，その腕前を案ずる必要はなかった。しかし戦争中に制定されていた統制や食物の配給等に関する機構が，安全に廃除されるまでには時間がかかりすぎた——平和配当金も大した額ではなかった。この機に乗じて保守党は統制と税金の切り下げに終止符を打つことを迫った。1950年，政府は大幅に気力を失い，総選挙に活路を求めるのに夢中になった。1年後にアトリーは，再度田舎へ戻ることになったのである。

　さて1951年に行われた総選挙の結果は，意外千万であった。労働党が多数を

第15章　チャーチル

そうだ，君たち，彼らも参っただろう（1951年）

1951年における労働党のキャンペーンのひとつは，チャーチルを戦争屋として黒く塗りつぶしてしまうことだった。『デイリー・ミラー』の有名な見出しは，このようになっていた。「ピストルの引き金の指は誰の指だ？」。レズリー・イリングワースとマニー・シウェル，ハーバート・モリソンによって描かれた辛辣な風刺画には，労働党の運動家たちがチャーチルの葉巻きタバコをピストルの形に歪めている姿が描かれている。その一方でアトリーは，彼らに声援を送っている。少なくとも，彼らを止めようとする姿ではない。

そう，引きずり大臣についておりまして（1953年）

イーデンとバトラーはチャーチルが並はずれの大男であり，注意をひきさえすれば，どんな政治問題であっても相手にせずにいられないその性分に悲哀の眼ざしを向けている。マイケル・カミングズの作品である。

英国の公衆はそれが何に見えるか知っている（1954年）

チャーチルの80歳の誕生日を祝うために，議会はグレアム・サザーランドが描いた肖像画を贈った。チャーチルはこれがお気に召さなかった。のちには彼の奥方，クレミーがそれを燃やしてしまった。これが老齢で反抗心に富んだチャーチルのありのままの姿だということで，大騒ぎとなった。そのときの模様がロナルド・サールによってここに風刺画化されているのである。チャーチルの熱烈な，何人かの支援者に対する，問題の影響のありようが，よく現れている——大声でいきまく者・怒りを爆発させる者，卒倒する者が入り混じっているのである。

ロナルド・サールは同時代における偉大な風刺画家の１人で，これは彼によって描かれたごく少数の政治風刺画のひとつである。

もって他の党の上に躍り出ていたのである——事実過去にも得たことのない票数であった——しかし「比較多数票主義」〔他候補と比較して得票数の多い者を順次当選者とする制度〕により，保守党が辛うじて多数を維持することを得た。チャーチルは77歳にして10番地に返り咲いたのである。アトリーはさらに４年間，野党のリーダーとして留まることになった。

チャーチルは1945年に，野党のリーダーとしての役割を放棄しなかったし，またかつての閣僚仲間の誰一人として，彼の転覆を図る者はいなかった。保守党は，R・A・バトラーによって，中央広報庁の資料館に戦後世界として備え付けられたことがあったが，チャーチルの新政権には革進的な面はほとんど現れなかった。チャーチルはアトリーの下した決定をすんなりと受け入れて，撤回させるようなことは，事実上１度もなかったのである。

彼は諸産業の国有化をそのまま放置し，雇用大臣に対しては，労働組合には穏やかに接するように助言していた。以前と変わらずチャーチルは世界の情勢に深い興味をもち，特にかつての戦友で米国の大統領のアイゼンハワーとの関係については，関心が深かった。

第15章　チャーチル

チャールズ・チャプリン（1955年）

アトリーは1955年に労働党首を辞任した。チャールズ・チャプリンのように，彼はスポット・ライトから薄れていった。風刺画はレズリー・イリングワースの作。

　チャーチルの第二次内閣に関しては，風刺画家たちは全般的に親切であった。彼は疑いもなく偉大な人物であり，世界的に大物であった。1950年代のはじめ頃には年長の政治家たちに対して服従心や尊敬の念が示されていた。チャーチルは彼の年齢を強調したり老齢をほのめかす風刺画家について，愚痴をこぼしていた。彼の80歳の誕生日に上下両議会から，グレアム・サザーランド[4]作の肖像画を贈られたときに，困惑の表情を示したのと同じである。

　大臣たちの中にはチャーチルの引退を心待ちにしていた者もいたが，本人は彼らのいら立ちと2度の発作を生きのびた。そして81歳で遂に職を辞して，20年以上ものあいだ彼の影の中で生きてきた人物――アントニー・イーデンに後を託した。その後輩に対する彼のコメントがなんともひどかった。「アントニーは重大な点と些細な点との区別がさっぱりできない男だった」。

この顎はムッソの顎，だが……（1936年）

イーデンが1930年代に学んだ教訓は，独裁者相手の妥協は禁物だということであった。彼らに対しては毅然と立ち向かわねばならなかった。彼は1950年代に，その教訓をまったく異なった状況に適用してしまったのである。この風刺画の作者は，デイヴィッド・ロウ。

189

おお，あなたはどこへ私を案内されたのか，エジプトへ？（1953年）

　1953年にナーセル大佐がエジプトで権力を掌握したあと，アントニー・イーデンは外務大臣として，スエズ運河地帯から英国軍の撤退に関して協議をした。その代わりに英国軍は，キプロスに配置されたのであった。それでもイーデンは，日毎ナーセルの挙動に疑惑を深めるようになり，遂には彼が中東の戦略の要地における英国の利益を根底から覆すことを決断しているのだと，信じこむに至った。イリングワースによるこの風刺画は，テニエルの描いたディズレイリ〔本書28頁〕に基づいているが，スエズ運河の政治的問題を取り扱っている点で，こちらの方がより興味深くできている。

狼を装った羊（1956年）

　レズリー・イリングワースによって描かれた残酷な，しかしフェアな政治風刺画である。イーデンは，マキャベリをさえ凌ぐほどの政治的術策家ではなかった。

第15章　チャーチル

　イーデンの首相の任期は，1956年におけるスエズの総崩れとともに記憶されることであろう。この年の6月，ナセルがスエズ運河を国有化するのを見てイーデンは，それはきっと英国船の運航を禁止するための細工であるに違いないと思いこんだ。あたかも1930年代における独裁者たちの攻撃的な意図を，彼は過小評価していたのと同様に，それから20年後における今度のナセルの攻撃的な意図を，彼は過大評価したのである。

　彼は，30年代に結局は，独裁者たちに向かって立ち上がる決意を固めていた。そして今や再び使命を果たすべきときが来たのだと思った。彼はナーセルを倒すことこそ，彼の使命だと心に誓った。いくらか狂気じみた声で彼は電話に向かって，アントニー・ナッティングに叫んだ。「あ奴をやっつけるのだ，わかるかい？」

　イスラエルはエジプトに侵攻することに同意した。それで英国とフランスがスエズ運河を占領することによって，両国の間に平和をおしつけたのである。

　エジプト侵攻は不手際まる出しであったために，ごうごうの非難の声が湧き上がった。アイゼンハワーとダレスが英国に資金の援助を拒んだために英国は引き下がらざるを得なかった。イーデンはがたがたになり，気が滅入って病気になった。彼は辞任し，その後をハロルド・マクミランが継いだ。彼は，侵攻にあっては1番のタカで，退却にあっては1番のハトであった。スエズは，英国の幻想の終焉のしるしであった。それは経済力の弱さ，米国との特別の関係の欠如，そして英国の世界的情勢における再度の指導的役割が不可能に近かったことを，明示していたのである。

訳注
(1)　リメリック（limerick）5行からなる遊戯詩の一形式。エドワード・リアの『ノンセンスの本』（1846）にとり入れられて一般化した。
(2)　その最後の語は "a knight of the Garter"（ガーター勲爵士），英国最高の勲章。アトリーがこの勲位に叙せられたのは1956年。
(3)　アーネスト・ベヴィン（1881-1951）は，1925年から一般労働組合を組織として書記長となり，労働組合会議（TUC）評議員，同議長として労組の右派幹部となった。
(4)　グレアム・サザーランド（1903-80）。最初プリント製造に従事していたが，30歳頃から絵画に専念しはじめた。そして1949年に小説家サマセット・モームの肖像画

によって有名になり，1954年にはチャーチルの80歳を記念する肖像画を依嘱される
ことになる。その成行きに関しては189頁参照。

第*16*章

すべてばらばら

総理大臣

1957年1月：ハロルド・マクミラン（のちにストクトン伯爵）

1963年10月：アレク・タグラス＝ヒューム（元のヒューム伯爵，のちにヒューム卿）

1964年10月：ハロルド・ウィルソン（のちにウィルソン卿）

1970年6月：エドワード・ヒース

1974年3月：ハロルド・ウィルソン（第二次内閣）

1976年4月－1979年5月，ジェイムズ・キャラハン（のちにキャラハン卿）

アントニー・イーデンは，後継者を推薦していなかった。トーリー党の国会議員をあれこれと探り，チャーチルとも相談した末に，女王は，大方が予測していたR・A・バトラーの期待に反して，大蔵大臣のハロルド・マクミランを首相に選んだ。

マクミランは，早速保守党の士気の立て直しに取りかかった。スタイルは人を表す。彼はエドワード7世時代の貴族の雄大な雰囲気を漂わせていた。彼は狩猟の愛好家であること，トロロープ[1]の愛好者であることを隠そうとしなかった。こういったすべてのことが，経済的成功の波に乗り，「誰もこんなにうまくはやれまい」と豪語した，円熟した政治家の影を隠していた。ささやかな幸せを広めるためにも彼は，十分念入りに拡張政策を導入していたのである。かくして戦後における高度のインフレの時代がはじまった。

マクミランは，スエズの傷を癒した上で，1959年には，トーリー党を連続3回の選挙戦で勝利に導いた。風刺画家たちはマクミランを，彼の口ひげや彼の頭髪，彼の固い物腰，古風な衣服，古風なずるさなどに至るまで，すべてを含めて気に入っていたのである。総理大臣として彼はフォト・コール〔カメラマンに写真撮影のチャンスを与えること〕を発明した。

外交的な面においては，マクミランは特に米国との関係を固めることを考えた。とりわけ新しく登場した若い大統領，J・F・ケネディとの親密な交流が必要であった。彼は帝国の整理に関する審議で議長をつとめた際に，南アフリ

193

スーパーマック（1958年）

　保守党議長のクインティン・ホッグは，ボックス・オフィスにいる大蔵相のデレック・ヒースコート・エイモリに向かって彼らのリーダーが民衆を連れ戻ってきた，と言っている。風刺画家ヴィッキーは，「スーパーマック」のイメージを創り出した。彼の意に反して，「スーパーマック」は，1959年の選挙において，票数を増して多数を獲得できるようにマクミランを援助した政治的伝説になってしまった。

ツイストにツイスト，もうひとつツイスト（1962年）

　テッド・ヒースは，1960年代の人気のバンド・リーダーであったが，もう１人のテッド・ヒースは政治家で，英国のヨーロッパ共同市場との交渉の任務を帯びていた。ヴィッキーが描いたバンドには，イアン・マクロード，ラブ・バトラー，ダンカン・サンディーズらと，セルウィン・ロイドが加わっていた。彼らは，新しくて人気の高いダンス・ツイストの曲を鳴らしていた。ここには共同市場に関して，保守党内にいろいろと異なった見解があること，そしてハロルド・マクミランが

持していた地位を限りなく調整する必要があることが反映されているのである。将来の保守党のリーダーたちすべてが，同じ問題と向き合っているのだ。

第16章 すべてばらばら

駄目！（1963年）

1963年に，ド・ゴール将軍が，英国のヨーロッパ共同市場への加入に関して拒否権を行使した。そのためにハロルド・マクミランの威信だけでなく，彼の政権にも大きな傷がついた。マクミランは一生涯このつまずきから立ち直ることがなかった。

風刺画は，レズリー・イリングワースによる。

今でも小切手を受けとってくれるのかな（1963年）

カミングズによるこの風刺画が『デイリー・エクプレス』紙上に現れたとき，マクミランは政治担当の編集者に苦情を申し入れた。彼はその頃の悪ふざけによって暗に彼の名誉が貶められているのを感じとって，立腹していたのである。

マクミランの告白（1963年）

1963年の夏，戦争所管大臣，ジョン・プロフューモとクリスティーンという名の女との間のスキャンダルによって，英国の政界全体に大騒動が湧き起こった。プロフューモが下院においてこの事件に関して嘘をついていたことを白状して，彼は辞職した。ジェラルド・スカーフによって描かれたこの風刺画は，モダンな椅子にまたがっている裸体のクリスティーン・キーラーを写した有名な写真に基づいている。

マクミランは，世間知にもたけていたはずであった。しかしこのスキャンダルに関しての彼の処置は，幼稚でだまされやすかった。マクミランが強制的に辞職させた閣僚の1人，ナイジェル・バーチは，下院で痛烈な演説を行い，その中でロバート・ブラウニングの詩，「失われた指導者」から，次の詩句を引いた。「喜びと自信に満つ朝はもう来ない」[2]。マクミランは来るところまで来たのを悟った。そしてこっそりと議院を抜け出した。

ジェラルド・スカーフは最初のうちは『デイリー・スケッチ』と『イヴニング・スタンダード』に風刺画を載せていたが，1961年から『プライヴェート・アイ』に作品を描きはじめてから，彼の本領が発揮されるようになった。彼の風刺画は残酷でグロテスクである。すなわち18世紀の残忍さと明白さが再び導入されていたのである。

カ議会は，アフリカ全土に吹きつけている「変化の風」に注意しなければならないことを，予言的に語った。しかし1963年に彼は，昔の戦時の同僚であったド・ゴールが発した「ノン」の一言でヨーロッパ共同市場に加入することができなかった。その後マクミランは，統治の熱意の大半を失ってしまった。

彼の最後の数か月は，プロフューモ事件[3]から流れ出たスキャンダルをせき止めることに費やされた。彼の首相時代の侘しい終末であった。

1963年にマクミランが病気で倒れたとき，トーリー党は，ブラックプールで

196

第16章　すべてばらばら

"I hope ye're no' offended, Sir Alec—my wee bairns are a wee bit radically minded."

気を悪くしないでよね，サー・アレク（1963年）

1930年に初めて下院に議席をもち，チェンバレンの国会秘書になったが，ダグラス＝ヒュームの生活は，大半が上院で送られていた。彼が貴族の爵位を放棄したあとは，下院に彼の議席が設けられねばならなかった。キンロスと，ウェスト・パースシャでの補欠選挙に立候補したジョージ・ヤンガーが気前よく彼の席を譲った。

ジャイルの風刺画は，政治的というよりむしろ通常は社会的であった。そして彼の「祖母」があらゆる場合に，風刺的人物のすぐれた源泉となった。この稀な場合には，彼は総理大臣を中に組み入れている。

例のない人（1965年）

アレク・ダグラス＝ヒュームは，1964年の選挙で敗退したあと，保守党のリーダーとして僅か数か月間留まっただけであった。彼の後継者，テッド・ヒースは，トーリー党主として，「現れた」というより，正式に選出された最初の党主であった。アレクは，いつもの彼と同じく，何ひとつ欠点のない挙動で臨んでいた。彼は忠実と礼節の権化であった。そして党の支援者たちから愛され，尊敬されていた。この画家は，ヴィッキー。

197

ジョンソンのすぐ背後にはベトナム・ウィルソン（1965年）

　1960年代には主としてジェラルド・スカーフとラルフ・ステッドマンの影響によって風刺画家が変化した。彼らは両者ともに，荒っぽく，ときには通俗的なイメージを伴った。往年のギルレイ流の様式に戻っていた。『パンチ』流のおとなしさは，今や意図的に捨て去られた――「風刺」の辛辣の度合いがいっそう厳しくなったのである。この風刺画は，アメリカ大統領L・B・ジョンソンによるベトナム政策に対するハロルド・ウィルソンの支援ぶりを，スカーフが彼の見解として表現したものである。この風刺画が最初に『プライヴェート・アイ』誌の編集長に差し出されたときには，L・B・Jの臀部が向き出しのままになっていた。それはどうみても度が過ぎると，イングラム氏も感じた。せめて下着のパンツを少しでも描き加えるように注文をつけたのは，そのことをよく表しているのである。

の総会で混乱を極めた。後継ぎが選ばれていなかったからである。マクミランは病院のベッドから女王に助言を与え，もう1度R・A・バトラーをとばして，外務相のヒューム伯爵を取り立てた。ちょうど貴族法が国会を通過していたので，彼は貴族の身分を放棄して，サー・アレク・ダグラス＝ヒュームを名乗ることが可能になっていた。

　アレク・ダグラス＝ヒュームは，風刺画家たちにとって，まさに天の賜物であった。彼は非常に体が細く，往々にして頭蓋に変形されるほどの先のとがった顔をしていた。彼はまた半月形の眼鏡をかけていたので，それが風刺画家たちにとってアレクのシンボルになった。

　アレク・ダグラス＝ヒュームも，ローズベリー同様，見通しの暗い，消耗遺産をもっていた。長期にわたった保守党時代終焉のときが次第に接近していた。彼は労働党首のハロルド・ウィルソンと，完全に対照的であった。家にいて「技術革命に熱意を燃やしている」ウィルソンと違って，ヒュームは，マッチ

ヴァルームシャカ（1970年）

ジョン・ケントは，『ザ・ガーディアン』に描いた彼の風刺画に，ほとんど全裸に近い美人を登場させることを思いついた。その名はヴァルームシャカで，いろいろな出来事についてのコメンテーターになっている。ここで彼女はハロルド・ウィルソンの空想的筋書をはじめ，この風刺画にも描かれている彼の閣僚仲間のキャラハンやジェンキンズ，そして「フルーギング(4)の外相」，ジョージ・ブラウンらによって失望させられたことをあげて，からかっている。ブラウンは1968年3月に，ウィルソン内閣から退職した。底辺に描かれた陰の横顔は，マイケル・スチュワートで，ブラウンの後を継いだ，ほとんど知られざる外務大臣であった。

ジョン・ケントは，もう1人のニュージーランド出身の風刺画家で，ヴァルームシャカは彼の妻，ニーナをモデルにしている。彼女の役割は，「ばかげたことを永遠につなぎ合わせること」だと，ケントは述べている。

箱をもって経済的業務をより分けるのが好きであることを率直に認めていた。ヒュームは内部での政治論争の名手ではなかったが，労働党の地すべり的勝利だけは許したくなかった。というのも，ハロルド・ウィルソンは，1964年10月の選挙で僅か4議席の差で勝ったにすぎなかったからである。

ハロルド・ウィルソンは，1963年にヒュー・ゲイスケルが予想外の急死を遂げたあと労働党のリーダーになった。そして保守党の「無駄な13年間」を痛烈に非難すると同時に，彼自身は，政治のモダニズムをもって英国を活性化することを誓いつづけた。しかし僅かな票数の差で，思うようにいかず，手段を導入するに至らなかった。それでも彼の代理役のジョージ・ブラウンが，野心的な国家的なプランを発行した。この楽天的で，非現実的な将来構想案に助けられてウィルソンは，1966年の選挙においては，票数を増すことができた。彼は誇らしげに，労働党は今や政府の万年与党になったのだと言って自慢した。

ところがウィルソンは，まもなく経済的危機とインフレーション危機によっ

仕返し（1970年）

1960年代と1970年代に出現した掛け合い漫才は、ウィルソン対ヒースで行われた。これはピット対フォックス、あるいはディズレイリ対グラッドストンに比べると雲泥の差がある。

ここにもう1人、オーストラリア出身で、1950年にロンドンに定住したジョン・ジェンセンがいる。彼は、『ニュー・ステイツマン』や——ひいては——『サンデー・テレグラフ』を含めて、多くの新聞や雑誌に、社会的、政治的風刺画を描いた。

軽騎隊の突撃[5]（1974年）

カミングズによる予言的な風刺画は、1974年に選挙の決行を予告したテッド・ヒースの決定が馬鹿げた冒険であり、かつ破滅的な仕業であることを見越していた。テッドは、ウィリー・ホワイトローとトーニー・バーバーを従えて戦場へ前進した。対するはハロルド・ウィルソンの率いる労働党の大軍、ジェレミー・ソープとイーノック・パウエルの率いる自由党であった。パウエルは保守党から退いた人物で、ここでは保守党に向かって、労働党に投票するようにと声をはりあげていた。

彼らは炭坑労働者の全国組合の指導者たちと並んで列を組んでいた。これは悲惨な選挙戦であった。トーリー党側の弾丸は、賃金支払局からの腐敗の漏れと、企業家たちからの攻撃によって、腐食されていたのである。

乾物屋ヒース（1973年）

　1961年から62年にかけて，ヨーロッパ共同市場への加入をめぐって協議が行われたとき，英国を代表してこれに参加したテッド・ヒースは，乾物屋という肩書を与えられた。協議は停滞したまま，進展はまったくなかった。風刺画はジョン・ケントによる。

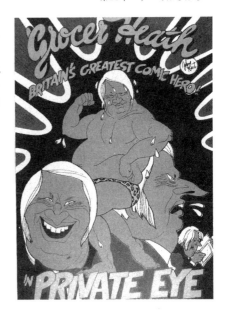

て，圧倒されるようになった。賃金や価格が法律によって統制された。1967年にはポンドの平価が切り下げられ，国はストライキで悩まされた。ウィルソンは産業の諸関係の改変を試みようとしたが，自ら下院に出向いて，彼の白書「紛争の場において」を撤回しなければならなかった。彼は終始早口で喋りまくった。途中でトーリー党の議員が「もう少しゆっくり食べろよ，もう少しゆっくりとね」と，野次をとばした。

　組合員たちは，彼らの労働党首相を愚弄しはじめた。するとウィルソンは，組合のリーダー，ヒュー・スカンロンに向かって呟いた。「あなたたちのタンクを芝生から移動させてくれないかね，ヒューイ」。1970年頃になると，1964年の大いなる望みはすっかり打ち砕かれてしまった。なにより，労働党の政権では労働組合の統制をとれないことが，これではっきり証明されたのである。

　ウィルソンのトレードマークは，彼のパイプと，当時人気のあった詰め物をしたキルト風のギャネックス・コートであった。彼は巧妙な手腕によって，労働党をひとつにまとめること——並大抵の業ではなかった——だけには成功した。それは狡猾な偽りの行為として，風刺画には描かれている。問題の平価切り下げの危機以来，彼はテレビでの声明を忘れるわけにはいかなくなっていた。

201

最後の登場——あるいは大いなる復帰（1974年）

1974年2月にやっとのことで勝利を得たウィルソンは，10月にもう1度選挙を行った。ヒースはそのときも保守党を率いつづけながら，復帰を望んでいた。10月に敗北を喫したあと，彼の指導ぶりは，次第に対戦の構えの度を増していった。1975年2月に，トーリー党首をめぐる無記名投票で，マーガレット・サッチャーに次いで第2位になったあと，彼は辞職した。

ウォーリー・フォークス（トロッグ）が，カナダで誕生した。第二次大戦の終わり頃に，彼は『デイリー・メール』に最初のチャンスを得た。以後彼の風刺画は，多くの雑誌や新聞に現われ，特に1965年以後になると，『オヴザーヴァー』に登場するようになったのは注目すべきことだ。彼は『パンチ』のカヴァーにも記憶すべき絵を画いており，これはその中のひとつである。

「皆さんがお持ちのポンドが切り下げられることは，あり得ないこと」でなければならなかったのである。

　エドワード・ヒースは，1965年に保守党の党首として，アレク・ダグラス＝ヒュームの後を継いだ。彼は選出されてその地位に就いた最初の人であった。彼はまた，その役職を担うのに，経済の再建のプログラムと組合の改革とをもって臨んだが，それには市場の力を基本にして，国家の干渉には重きをおいていなかった。これが有名なセルスドン・パーク・マニフェスト（1970）の骨子であったが，2年も経たないうちに，これは放棄された。組合がまたもや彼らの力を発揮して，1972年に炭鉱労働者たちが，17％の賞与を支払われたとき，テッド・ヒースは，大がかりのUターンを決めてかかり，賃金，価額，賃貸料，配当金，利息等あらゆる分野に法的統制を導入した。そして彼は全国に協調組合方式を試みることを決めた。結果として産業界の指導者たちと労働組合の指導者たちが，10番地において，彼の政策に同意したのである。しかし実働には至らなかった。

第16章 すべてばらばら

最後にはみんな売ってしまうのか？
（1976年）

　スカーフは，ウィルソンが辞任するときに，ガーター勲章を授与されているところを，実に乱暴に描いている。ウィルソンは，1976年3月に，彼の辞任を公表して多くの人を驚嘆させた。その背後には何かよからぬ動機があったのだと推測されていた。しかし明らかに彼は，そのときに辞任することを妻とも同意し合っていたのである。そして彼は，信じる人は少なかったにせよ，60歳で引退する予定であることを予告していたのである。それは驚くべき出来事であった。というのは彼の周りには現役の多数党員がおり，1人として彼を窮地に追いやることはなかったはずだし，彼もまだまだ政界を泳ぎまわることができたはずだったからである。

　テッド・ヒースは，風刺画家たちにとって，よい贈りものであった。彼の支えになったのは彼の帆船と彼の指導者用バトンであった。比喩的にみれば，それらは彼の長く尖った鼻，彼の歯，電燈がついたり消えたりするような笑い，そして彼の肥満体にすべて集中しているのである。

　国内的に見れば，ヒース政権の実績は僅少である。しかし1972年に英国をヨーロッパ共同市場に加入させたことで彼は記憶に残るであろう。英国のヨーロッパとの関係はその性質からみて，爾後25年間は暗雲を投げかけられがちであった。これはトーリー党にとって，1840年代における自由貿易，そして1900年代における関税改革と同じ程度の大きな出来事であったのである。

　価格と収入政策に必然的に伴った厳格さは，1973年の秋に2度目の炭坑労働者のストライキを招いた。産業界での労働は，週3日制に短縮された。石油に関しては配給手帳が配布された。国家の滅亡が刻々と進んでいるような感じであった。1974年2月にヒースは「英国の政権をとるのは誰か？」の問いを掲げて総選挙を行った。国がテッド・ヒースを眼中においていなかったことは，明白であった。トーリー党は，結局労働党よりも少数の議席数しか獲得できずに終わったのである。数日にわたってヒースは，連立内閣を組むべくジェレミ

203

デイヴィッドとジムリース（1978年）

　1978年，自／労協定が終わりに差しかかった頃に，自由党の党首であったデイヴィッド・スティールが，国会が終わったあとは，自由党後援をすべて打ち切りにする，と公表した。1979年5月，スコットランドの愛国主義者で労働党を支持していた人たちが，彼らを相手に，譴責動議にかけることを決めた。この仕草をキャラハンは「七面鳥が早期のクリスマスを採決にかけるようなもの」と適確に表現した。自由党が労働党を見捨てるときになると，マイケル・フットは，スティールを「少年デイヴィッド」と名づけた。レ・ジーバルもニュージーランドから1967年にロンドンへ渡ってきた。そして1969年から1994年に至るまで『ザ・ガーディアン』紙の主要な政治風刺画家になった。彼の画法は残酷さを避け，悪意抜きの政治物語を語るのが特徴であった。

危機に頻したプラム・プディング（1979年）

　ジェンセンによるこの風刺画は，1979年5月，キャラハンの敗北のあとに現れた。争いの種は，労働党の魂の問題であった。ここでトニー・ベンは「左」を要求した。もう1人の左翼マイケル・フットが1981年に労働党の党首になった。数人の著名な以前の閣僚たちが，分散して新たに社会民主党が組織された。プラム・プディングが切り分けられたのである。

第16章 すべてばらばら

ー・ソープの率いる数人の労働党員を得ようとした。結局その目論見は崩れて，女王が再びハロルド・ウィルソンを呼び寄せることになった。

ウィルソンはちょうど順風に乗りはじめたところであった。1960年代の成功を重ねながら彼は，1974年10月にも選挙を行って，さらに議席数を増やした。1976年に彼が引退したあとは彼の代わりに，労働党によってジム・キャラハンが選ばれた。その頃には，労働党が多数党になることは，ほとんどなくなっていた。1976年には多くの国策に関する議案を通すことができなくなったキャラハンは，自由党の党主であったデイヴィッド・スティールと非公式の提携を結んだ。この自／労協定によって彼はもう3年間首相の職に就くことができるようになった。

風刺画家たちは，総じてキャラハンに好意的であった。彼は「サニー・ジム」として知られ，時には農夫として描かれることもあった。サセックスになにがしかの土地を所有していたからである。彼は際立った肉体的な特徴のある人物ではなかったが「ドック・グリーンの総理大臣」の渾名がついていた。テレビの人気番組『ドック・グリーンのディクソン巡査』で，ジャック・ウォーナーが近隣の親しみやすい警官を演じていたのに因んで，そう呼ばれるようになったのである。

ジム・キャラハンは，おそらく彼の方に勝ち目はあったのにもかかわらず，1978年の秋期における総選挙は行わないことに決めた。それで彼は，「不満の冬季」を凌がねばならなかった。冬の間中労働組合はさんざん政府の悪態をつき――病院は戸を閉じ，街頭にはごみが山と積まれ，死人は埋葬をせずに放り出される始末であった。

1979年1月にカリブ海での会議から帰国したキャラハンは，上機嫌で何もかも結構なことだと，印象を述べた。「危機だって，何の危機？」と言いながら，それを要約した。彼がそれを実際に口に出して言ったのではないにしても，会議の場ではみんなが彼につきまとっていたのである。

5月の総選挙には，マーガレット・サッチャーがマネタリズム〔通貨管理経済政策〕と市場の力に基づいて，国の再生を図るための新しい政策を開陳した。選挙戦では彼女は，労働党の不人気を最大限利用した。トーリー党は，失業者の群れが長い列をつくっている所を描き，"Labour isn't Working"（「労働党は

205

仕事にあらず」）のスローガンを掲げたポスターを掲示した。キャラハンは彼の敗北は彼として抗いようのない，政治の波の変化に依るものであったことを，自ら信じていた。

訳注

(1)　アントニー・トロロープ（1815-18）。六編の連作小説『バーセストシャー小説』をはじめ，器用で多作な英国小説家として知られる。以前にロンドンの中央郵便局に勤務し，アイルランドの郵便副監督官になったが，そこでは晩年まで狐狩りに熱中していた。

(2)　ロバート・ブラウニングが1843年4月と1845年11月との間にワーズワースの死を偲んで書いた。敬愛する先輩詩人の追憶の詩。

(3)　プロフューモ事件。H・マクミラン内閣で戦争担当相の職にあったプロフューモがソヴィエト外交官の情婦，クリスティーン・キラーと密通した情報が流れ，秘密漏洩のスキャンダル騒ぎになった。

(4)　フルーギング・ツイストから生じたロックンロールのダンス。

(5)　軽騎隊の突撃。クリミア戦争（1854-56）における英国の軽騎隊をさす。1858年10月のバラクラヴァの激戦で，英国軍はその無能ぶりと，食料供給の欠如，傷病兵に対する看護不足等のために悲惨な目に遭った。このバラクラヴァの無惨な戦況が「軽騎隊の突撃」で表されたのである。なおこの戦いは，ナイチンゲールの看護活動でも有名。

第17章
サッチャーとメイジャー

総理大臣
1979年5月：マーガレット・サッチャー（のちにバロネス・サッチャー）
1990年11月：ジョン・メイジャー

　マーガレット・サッチャーは，戦後におけるバッツケリズムやヒースのコーポラティズム，ウィルソン・キャラハンの収入政策に関する合意等と，袂を分かった。協調的な労使関係とあいまって，インフレによらない成長・発展を遂げたものは，これらの中には何ひとつなかった。新たな政策に切り替える必要が痛感されたのである。

　ハロルド・マクミランに始まったインフレ・スパイラルを打ち破るためには，健全な通貨が最重要の目標となった。景気後退の底辺にあってジェフリー・ハウは，彼の1981年度予算で支出額を削り，強いポンドを後押しした。364人の経済専門家たちが彼の政策に非難を浴びせたが，マーガレット・サッチャーにとってこれは，1980年代における経済成功の礎石になった。所得税の削減もサッチャリズムの大黒柱となった。

　サッチャーが手がけた，主要な憲法の改変は，労働組合のボスたちの権力を抑えつけることであった。彼女の見方によれば，労働組合はまるで国土から分離された領土同然であった。彼らはどの党の所属にかかわらず，ダウニング街10番地でさえも，相応の分を総理と分かち合おうとしていたのである。指導的左翼の労働組合の指導者，アーサー・スカージルは，まる1年の長きにわたる炭坑ストライキがつづいたとき，マーガレットと対決し通しであった。彼女は少しも怯まなかった。そして彼女の勝利によって，長かった労働組合の抵抗も遂に力尽きたのであった。

　1982年，フォークランド戦争によって，サッチャーは世界的人物になった。ほとんどの予測と取沙汰に反して，英国は一隻の軍艦を海上に進出させた。そして島々がアルゼンチンから取り戻された。労働党のリーダー，マイケル・フ

207

巨像(1985年)

　サッチャリズムには矛盾があった。一方においては国家の統制を緩める自由主義者志向があり、他方には不幸にも法廷を利用して財務方針を地方の権威者たちに課す大臣らがいる。この中には筆者自身も含まれていた。サッチャリズムは、地方と中央との間に、適切な政治的関係を構築することができていなかったのである。この風刺画はリチャード・ウィルソンの作で、トーリー党雑誌『クロスボウ〔石弓〕』の表紙絵として描かれた。彼はほかにも特に『ザ・タイムズ』を中心にして、多くの写実的な作品を描いている。

第17章　サッチャーとメイジャー

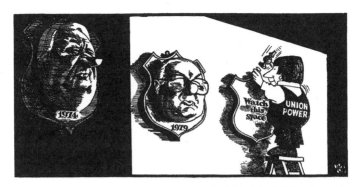

このスペースに注意（1979年）

　テッド・ヒースとジム・キャラハンの両人は，労働組合側の力の乱用によって，打ち倒されてしまっていた。マーガレット・サッチャーは，彼女が3番目の戦利品にさせられないように，腹を括った。彼女が手はじめに取り組んだのは，一連の改革を次々に繰り出して，組織された労働組合の力を弱めることであった。

　しかしある点では，個人的労働組合員の権利をかえって高める結果にもなった。彼女はまた労働組合評議会相手に，国の政府を彼らと共有するつもりがないということを明言したこともあった。風刺画は，トロッグ（ウォーリー・フォークス）による。

鉄の女（1981年）

　ロシア人たちは，1976年の早くからマーガレット・サッチャーを「鉄の女」と呼んでいた。そのタイトルについて，テッド・ヒースは言った。「これはロシア人にとって未曾有の大失敗であった。彼らはこれで彼女をやり込めたつもりであった。ところが実はその正反対であったのだ」。

　スティーヴ・ベルは，1981年以来『ニューステイツマン』と『ザ・ガーディアン』に風刺画を載せていた。社会主義者であった。彼はマーガレット・サッチャーが認知症にかかっていると思い，彼女の眼を描くことによってこのことを示そうと試みた。彼が本質的に得意であったのは，微細なことを正確に描くことのできる，続きこまの漫画だったのである。

209

Uターン無用の地（1980年）

1980年の保守党大会において，マーガレット・サッチャーは挑戦的口調で言った。「女は政策転換などと無縁だわ」。この一言で彼女は，トーリー党の左側に並んで固まっているハト派と呼ばれる弱気の政治家たちからの敵意を受け流さねばならなかった。彼女は1972年にテッド・ヒースの内閣にいたことを覚えていた。そのとき彼は経済政策の多くの点に関して，Uターンをしていた。彼女はこのようなへまは絶対にしないと心に決めていた。「Uターンすべからず」，そしてその姉妹たる "TINA — There Is No Alternative"〔二者択一の方法もだめ〕。どちらも，彼女の気質になっていたことだからである。

ラルフ・ステッドマンは，マーガレット・サッチャーの毛髪と顔を交通信号に転化させ

た。これは風刺画がその標的の強さを茶化するのに用いた面白い一例である。

ステッドマンは1950年代のおそくに風刺画の修業を始めて，多くの雑誌や新聞に作品を発表した。すべての党派の政治家に対する彼の怒りは，彼の傑作──それは同時に最も残忍な作品でもある──を特徴づけている。彼はまた多作の挿絵画家としても知られていた。

フリルのついた下着（1981年）

『デイリー・テレグラフ』の編集者，ビル・ディーズは，ニコラス・ガーランドによるこの風刺画の公刊を拒んでいた。ガーランドが表したかったのは，「鉄の女」がその特徴として若干の護身用カットは受け入れた──だからフリルのついた下着を描き入れた，ということであった。ディーズは読者が受け入れるものでなければ，という理由で，彼の公刊拒否の決定を弁護した。彼は『デイリー・テレグラフ』の多くの読者たちがこの風刺画に憤りを感じたことだろうと信じていた。「これが女性用の下着だとは」と，彼はくすくすと笑いながら言った。「鉄のスカートもちょっと短かすぎるのではないかな」。

第17章 サッチャーとメイジャー

わたしの内閣には女性が不十分 (1982年)

マイケル・カミングズのこの風刺画が『デイリー・エクスプレス』に現れたのは，フォークランド開戦の直後，そしてマーガレット・サッチャー内閣の外相，カーリントン卿と彼の補佐官，ハンフリー・アトキンスが辞任したあとのことであった。マーガレット・サッチャーの閣僚に対する支配ぶりは，風刺画家たちの好材料になっていた。彼女の逞しさを笑いの種に使うのである。総理大臣ともなれば，彼らは力が強くて，決断力があり，そして何か重責を担っているように書かれても，気にしないからである。

フォークランド戦争 (1982年)

1982年以前には，英国人の大半が地図にフォークランド諸島を書きこむのが困難であったに違いない。そのような教育の欠如が，1982年4月に露呈された。すなわちアルゼンチン軍が，それらの島々へ侵入し，マルヴィナスという名称を使って，それら諸島が彼らの領土であることを主張したのである。鉄の意志をもつマーガレット・サッチャーに対する真っ向からの挑戦であった。疑わしいとはいえ，それでも大いに賞讃すべき世界を前に，彼女は一艦隊と地上部隊を派遣してフォークランド諸島を奪回した。一夜にして彼女は，指折りに数えられる世界的人物になった。以前には内閣の連中は，投票場をうろつきながら選挙の敗北を見やるだけだったが，そのあ

との1983年の選挙には，マーガレット・サッチャーが彼女の多数票を勝ちとって見せたのである。

211

みんなであの日のすべてのジョークを（1986年）

ヴィクトリア女王の時代でさえ，総理大臣と5人の前総理大臣が全員揃っていたことはなかった。写真は『プライヴェート・アイ』誌より。

強い薬（1987年）

1987年の総選挙向けの保守党マニフェストは，サッチャー時代にあって最も急進的な内容であった。それには，教育の包括的改革，新たな住宅政策の実施，コミュニティ税[1]の導入が盛りこまれていた。総選挙戦において労働党はコミュニティ税には焦点を置かなかった。しかしそれが「人頭税[2]」（Poll Tax）になると，この党が1989年から90年にかけて，政治を支配するようになった。

カナダの風刺画家カール作のこの風刺画は『トゥデー』紙に掲載されたが，彼は主に『エコノミスト』に作品を描いた。

第*17*章　サッチャーとメイジャー

生き写し（1987年）

　フラックとローが「生き写し」のテレビ番組のために，ゴム製の人形を生み出した。サッチャー時代の半ば頃（1985-88）に，彼らは最盛期を迎えていた。彼らはマーガレット・サッチャーの人形を数個造ったが，どれをみても例外なく男らしさが強調されていた。そしておそらく彼女を見てではなくて，彼女とともに笑う人の方が多かった。

沈み行く船と共に（1990年）

　マーガレット・サッチャーが倒れるとき，筆者は党の議長をしていた。筆者は彼女を最後まで支えていたばかりでなく——2回目の党首選出に立候補を強く薦めた数人の閣僚の1人でもあったので——忠誠心が張りつめすぎていた時に，党が割れてしまうことのないよう，最善を尽くそうとしていた。党首選挙は11月に行われ，マイケル・ヘセルタインが1回目の投票で十分な票数を獲得して，マーガレット・サッチャーを辞職に追いやる勢いを示した。第2回の投票では，ジョン・メイジャーが背後から出てきて選挙を勝ちとった。

213

マーガレット・サッチャーの没落
（1990年）

スティーヴ・ベルが描いた葬儀の列の先頭を行くのは，マイケル・ヘセルタインで，彼のターザン腰布を着けている。下院において痛烈な演説によって刺客頭の役割を果たしたジェフリー・ハウは，羊として描かれている。

ットが，サッチャーを支援した。彼にとってそれは，ファシストの独裁者に対する十字軍の行動であった。

　マーガレット・サッチャーは，今や世界の政治的舞台で主役を演じて楽しめるようになった。彼女の人格によって英国は，実際の体重を上回る階級でボクシングをしたのである。彼女は1976年にロシア人たちから「鉄の女」のタイトルを与えられて，大いに浮き立った。彼女は早速ゴルバチョフが重要な人物であることに敬意を表し，彼の進める改革を支援した。サッチャーは，ソヴィエトのヘゲモニーからの脱出を望む東ヨーロッパの多くの国々において，自由の象徴になった。

　ヨーロッパは，マーガレット・サッチャーを失墜させた問題のひとつであった。彼女は欧州通貨為替相場安定制度（ERM）に加入するために，大蔵相のナイジェル・ロウソンと，彼女の外務大臣ジェフリー・ハウからの圧力を腕づくで払いのけた。彼女は次第にヨーロッパ連合の中央集権的傾向に反対し，「母国ヨーロッパ」（"Europe de Patries"）を唱導した。ロウソンとハウの両人がヨーロッパ問題で辞任し，このことが部分的には，1990年11月における党首選出において，サッチャー落選の原因になった。政府はそれから不評の連続で，人頭税が導入されるや，それはますます悪化した。保守党の議員の中には，マーガレット・サッチャーは，就任10年目の1989年には，辞職すべきだったと信じる者が何人かいた。多くの議員がやる気を失い，彼女を落選させる方へ回るよ

第*17*章　サッチャーとメイジャー

うになったのである。

　1980年代は，サッチャーの10年間だった。経済的な下落は止まった。英国は意気揚々としていた。そしてマーガレット・サッチャーは，1979年，1983年，1987年の3度の総選挙に立て続けに勝利を収めた。彼女が誇らしげに言ったように，「わたしは負けたこと，英国民から拒まれたことなど，1度もなかったの」。

　マーガレットの後を継いだのはジョン・メイジャーであった。彼の首相への昇格は，スタンリー・ボールドウィン並みの早さで，それまでの彼の陣笠議員の期間は，僅か7年だけであった。マーガレット・サッチャーの後に続く者は例外なく大変な困難をなめさせられるのは必定であった。いろいろな比較がなされ，それらが決まって不利に作用するからである。

　1992年の総選挙に至るまでの期間は，長いハネムーンのようであった。すべての世論調査でトーリー党敗北の徴候が示されていたのにもかかわらず，ジョン・メイジャーは弱気でなかった。彼は勇敢に挑戦して，ようやく勝利に漕ぎつけた。それは彼の首相時代の頂点をなす。まもなく悲惨な出来事の襲撃を受けて，彼の内閣は苛酷な衰亡の非運にさらされたのである。

　愚かにも下院の一階席閉鎖が公告されたのが原因となって，トーリー党の陣笠議員一行が反乱を起こした。閣僚の1人，デイヴィッド・メローが，1人の女優を相手に情事を犯したことが風評を呼び起こしたために彼は辞職の処分を受けた。破廉恥的行為で辞職に追いやられた数人の中の最初のケースであった。1992年9月，財政的混乱と屈辱を経て数日後に，英国は欧州為替相場安定制度から離脱をしなければならなくなった。ジョン・メイジャーが大蔵相として加入していたのであった。その時から英国は政治的に下り坂になった。皮肉なことにちょうど時を同じくして，国の経済的回復が始まりかけたのであった。

　1993年，政府は1991年にメイジャーによって協定されていたマーストリヒト条約を実行するために，下院を通じて法案を取り決めなければならなかった。この成り行きは，反ヨーロッパ統合主義の政治家と政府との間で頻繁に争いを生み出すことになった。その法案は，1993年の夏の間に，ジョン・メイジャーが自らその路線でのリーダーシップを取りはじめた頃になって，やっと通過した。1994年になると，保守党における意見のバランスは，反ヨーロッパ統合主

215

今夜は運動場もひっそり（1991年）

1991年に開かれたマーストリヒト会談[3]に対して、マーガレット・サッチャーは猛反対していた。背後における彼女の存在は、ジョン・メイジャーにとって絶えざる難題になった。風刺画家たちは、ジョン・メイジャーがクリケットに熱狂な興味をもっていることに目をつけていた。ここにガーランドの作品をもって例示したように、メイジャーの上に生じた何か特別の出来事を捉える際には、往々にして、バッド、ボール、ウィケット、パッドなど、すべてが持ち出されるのである。

スーパーマン（1991年）

スティーヴ・ベルは最初ジョン・メイジャーの風刺画を、マーギーの農場[4]に育った野菜の中のカブとして表象した。そしてつづいてプードル（犬）に描き変えたが、どちらも受けなかった。そこでベルは、彼をださいスーパーマンとして描くことを思いついた。スーパーマンのまっ赤なトランクスに代えて、マークス・アンド・スペンサー〔ロンドンに多くの店舗を構える服飾衣料品・日常雑貨店〕製の前面Y字型パンツを、彼のズボンの上からはかせた。以後その服装は、ベル作の風刺画におけるジョン・メイジャーのバッジになった。

今はトニー・ブレアの報道官だが、当時は政治ジャーナリストであったオーラステア・キャンベルが、ジョン・メイジャーの外遊に同行したときに、メイジャーの下着のパンツが、彼のズボンの上にはみ出ていたのを見たと証言した。キャンベルから見れば、総理大臣はシャツをパンツの中に突っこんでいたとしか思えなかったのである。キャンベルはこの発想を思いついたのは自分だと主張していたが、スティーヴ・ベルは、それは彼自身が考えた総理大臣のイメージを確認したにすぎない、と述べた。いずれにせよ、それは突っこまれていたのである。

216

第17章　サッチャーとメイジャー

石けん箱（1992年）

　1992年の総選挙のとき，世論調査はすべてトーリー党の完全敗北を示していた。選挙戦が順調でなかったことに気がついたジョン・メイジャーは，彼の党の議長，クリス・パッテンが立てた計画を廃棄した。そして彼は屋外での集会を開き，演壇としては，空の石けん箱を利用した。これが地区の想像力をとらえてキャンペーンを立て直した上に，ジョン・メイジャーを表象したものとしては珍しく好意的な風刺画を生み出したのである。予測に反して彼は，すでに悠々と10番地に入ったつもりでいた労働党の党首ニール・キノックを打ち負かしたのであった。風刺画家は，ピーター・ブルックス。彼は1991年に『ザ・タイムズ』に政治風刺画を描きはじめた。同時代の風刺画家の中で最も鋭敏な政治的把握力と知力とに富む1人であった。

義に傾いた。
　ジョン・メイジャーは風刺画家たちから手きびしく取り扱われた。マーガレット・サッチャーもまた，彼らから手荒な処遇を受けた。けれど彼女は，たとえ短気ではあっても，逞しい人物として描かれた。彼女は確信（conviction）の政治家，そしてメイジャーは，コンセンサスの政治家であった。
　風刺画家たちは，彼を決断力のない，強情な，そして不運な人物として描くのに容赦しなかった。北アイルランドや，経済的な回復を確実にしたといった彼の個人的な成功は，無視ないしは，彼のコントロールが及ばない要因によっ

メイジャー礼拝（1992年）

1992年の総選挙で成功を遂げたあとのメイジャーのハネムーンは，呆気なかった。夏のあいだに事態は間違った方向へ進んでいたのである。首相にとってかけがえのない腹心の1人であったデイヴィッド・メローが，ある女優と事情を交わしていることが発覚して，彼は辞任を余儀なくされた。彼女の証言によれば，彼はチェルシー・フットボールチームのシャツを着て，彼女に言い寄って来たということであった。風刺画の右側に立っているのがメローである。しかし基本的にはヨーロッパの問題がまだ残っていた。ノーマン・テビットが首相の最も手きびしい批評家として姿を現して，今にもメイジャーの脚にかじりつこうとしている。

その頃にはマーガレット・サッチャーは，マーストリヒト条約によって，英国の主権が大幅に削減されたと信じこむようになっていた。

もしこの風刺画が19世紀，あるいは18世紀にでも現れていたなら，不敬の謗りを受けて，画家はおそらく起訴されていたことだろう。今日ではささやきひとつ出てこなかった。

そうだとも，ジョン（1992年）

これは古今を通じて首相がたどる道筋を表したものである。近年にこの方法によらなかった唯一の例——したがって彼はこの風刺画には載っていない——はアレク・ダグラス＝ヒュームだけだ。彼の後継者，テッド・ヒースに対する態度は立派であり，かつ極めて珍しかった。この風刺画は，スタン・マクマートリによる。

第17章　サッチャーとメイジャー

彼は墜落するだろうか？（1993年）

　1993年に保守党総会が開かれたとき，ジョン・メイジャーの党首としての地位が，その秋には危くなりそうな気配が感じられた。しかしそうはならず，彼が墜落するようなことはなかった。
　この風刺画には誰であってもマーガレット・サッチャーの靴を満たすのがいかに困難であるかも示されている。クリス・リデルは，主として『インディペンデント』紙と『エコノミスト』紙に多くを描いたが，彼の極めて詳細な風刺画が，ここにも見事に描出されている。

てなされたとみなされたのである。記者や風刺画家たちは，狐を追う一群の猟犬のように彼を追跡した。ある者は彼がサッチャーとは違うから彼を攻めた。反面他の者たちは，サッチャーの政策を追いつづけると言って彼を攻撃する者もいた。ジョン・メイジャーにも相応のねばりがあった。というのは，彼が文を書くときには，必ず保守党党首兼内閣総理大臣として書くという決意を崩さなかったからである。歴史の女神(ミューズ)は必ずや何人かの彼の同時代人よりも，彼の書いた記録に好意を寄せてくれることを，彼は信じて疑わなかったのである。

訳注
(1) コミュニティ税（Community Charge, 1990）。地方自治体が成人住民すべて一律に課する税金。
(2) 人頭税（Poll Tax）。上記コミュニティ税が，「人頭税」と呼ばれて反対運動が激しくなり，結局は1993年に，財産に応じてCouncil Tax（地方議会税）に移行した。
(3) マーストリヒト。オランダの都市。EUの経済・通貨統合の方向を定めた条約の締結の地。
(4) マーギーの農場。スティーヴ・ベルの最初の作品集（*Maggie's Farm*, 1981）。あとにその第二集（1982），第三集（1984）がつづく。

訳者解説——政治風刺画から漫画の時代へ

　英国の政治形態における「プライム・ミニスター」は，政治的機能の面から見れば，日本における内閣総理大臣と変わらないが，その成り立ちと，それに伴う政治的条件が付随していた点では，根本的な違いがある。ロバート・ウォルポール以下，1905年までのすべての英国総理大臣の項の冒頭に「大蔵第一卿」（First Lord of the Treasury）という役職名が記載されているのは，全総理大臣が大蔵第一卿を兼務していたことを意味する。総理大臣第1号のウォルポールは，それに加えて大蔵大臣（Chancellor of the Exchequer）をも兼ねていたのである。

　ロバート・ウォルポールが近代英国の政界における最大の逸物であったことは，本書冒頭でも述べられているとおりだが，彼がわが名をもじってその時代を，“Robino cracy”と名づけたということからも，その任務の大きさと彼の豪胆さが察せられる。彼がハノーヴァー王家初期において最も際立った政治家の1人であったといわれたのも無理からぬことである。

　「ハノーヴァー王家」というのは，1714年に死去したアン女王の後を継いで英国王になったジョージ1世からウィリアム4世（ジョージ3世の第3子）までの123年間の王朝をさす。そのあとにヴィクトリア時代がつづくのであるが，西ドイツ北部のハノーヴァー選帝侯であったジョージは，どのような経路で，英国の王座につくようになったのだろうか。これはプライム・ミニスターの誕生と密接につながる問題だ。ひと通り注意を向けておく必要がある。

　そこで真っ先に目を向けねばならない重要な問題は，アン女王が生前の1707年にイングランドとスコットランドとを統合して大英国（Great Britain）を形成するための国法を制定していたことである。

　そしてその統合法には，王位継承に拘わる重大な問題が絡んでいた。すなわちイングランドの清教徒革命（1642-49）を機にカトリック教徒であったジェイムズ2世を王座から放逐した議会は，1701年に，王位継承法を制定した。カト

221

リック教徒はもとより，カトリック教徒と婚姻関係にある者は，いっさいイングランドの君主たることを認めないという法律である。ということでアン女王の跡継ぎとしては，西ドイツ北部の選帝侯ジョージに白羽の矢が立てられた。

しかしこれは，とんでもない恥ずべき失策であった。次の一節は，彼がいかに君主不適格者であったかを，如実に物語ってくれるだろう（*Kings and Queens of England and Great Britain*, by D. V. Cook, David & Charles, 1971, p. 105）。

〔国王になった〕ジョージは二人の情婦をつれてイングランドに姿を現した。夫人同伴ではなかった。彼は1682年に，いとこのソフィアと結婚していたのであったが，1694年にはそれを破棄していた。不倫を疑われていたソフィアは，厳重に牢に閉じ込められていて，1726年に世を去った。ジョージ1世と彼の息子（のちのジョージ2世）との確執の激しさは，ハノーヴァー家の伝説だと言われるほどであった。

以上のような欠陥だけでも王として勤まりようがないのに加えて，彼は英語が全くだめだったし，それを学ぶ気もさらさらなかった。従来は君主が臨席して開かれていた閣議も，今となっては，開く術がなくなってしまった。議長役を務める政治家の選出が急務となり，その場で選出された人材が，「プライム・ミニスター」として知られるようになったのである。

最初のプライム・ミニスター（総理大臣）に就任したのが，ホイッグ党党首のロバート・ウォルポール。1721年から42年までの21年間の長期にわたって，彼はその地位に就いていた。前後を通じてこの記録を破った総理大臣は，1人も出なかった。

初代総理大臣ウォルポールには，先述のとおり他に二つの役職名がついていたことにも，注意を向けておこう。"First Lord of the Treasury"（大蔵第一卿）と "Chancellor of the Exchequer"（大蔵大臣）である。大蔵大臣は特例であったとしても，「大蔵第一卿」は，本書各章の冒頭のリストにも表れているように，1905年までは，すべての総理大臣の兼務になっていた。総理大臣そのもののランクが正規に認定されていなかったからである。

英国最初の総理大臣のロバート・ウォルポールが「英国の巨像」（本書19頁）

として描き出されているのに注目しよう。彼が手にしている書き物は読みとりが困難だが，これはシェイクスピアの『ジュリアス・シーザー』第一幕第二場からの引用で，ジュリアス・シーザーに対する反逆者の1人キャシアスが述べる次のような科白を写し取っている。「ねえ，きみ，彼奴はまるで巨像のように世界を狭しと踏みはだかっているのに，われわれ小人どもは，その巨大な両脚の間からみじめな墓を探そうと覗いているのだ」。

ウォルポールの政治的羽振りのよさを，トーリー党が怒り，皮肉っているのだが，それも無理からぬことであった。ジョージは，あらゆる政務を大臣たちに任せきりにして，国務に関する全責任をも彼らの両肩に託したままであったのである。ホイッグ党の中から大臣たちを選ぶことによって，ジョージは，次の50年間はイングランドを支配し得るだけのホイッグ党寡頭政治の基盤を固めたといわれる。

辛辣な風刺画家といえども，このような不埒な国王を風刺画で表現した形跡はない。しかし，『パンチ』所載の「ジョージ四代記」と題する風刺詩の中から該当部分を引用して，ジョージ1世がいかに国民から嫌われていたかを考えてみることにしよう。

ジョージ1世はイングランドよりハノーヴァーがお好き，

彼は美人で純真な奥方より，2人の情婦がお好き。

彼は芸術が嫌いで，文学には目も向けず。

されどサラダに鯨油をかけるのは大好き（中略）。

そしてウォルポール大臣を侍らせて，

あらゆる堕落好みは飽きもせず（以下略）。

（『パンチ』第9巻，1845年，159頁）

ジョージ1世が英国の王位についたのは1714年，彼54歳の時であった。その統治期間は13年。1727年に彼は世を去った。その後ジョージ2世からウィリアム4世（1830-37）までハノーヴァー家が続いたが，その間ジョージ3世の代に彼が心身の病で活動不能になったために，1811年から1820年にかけて，その長男（のちのジョージ4世）が摂政を務めたことがあった。18世紀末の特殊な興味

図1　漫画週刊誌を笑顔で受け取るヴィクトリア女王

深い風俗・文化の一時期であった。

　ジョージ1世から摂政時代，そしてウィリアム4世の後に続いて，1837年にヴィクトリア女王が登場することになった。理想的な君主にも喩えられる夫君アルバート公は，ジョージ王朝を刷新して，女王のもとで新たな大英帝国を建設すべく全力を尽くした。

　そこで偶然にも女王即位4年後——1841年に風刺画の王国『パンチ』が創刊されて，風刺文化が俄然活気を発揮しはじめ，その最盛期が画されたのである。ヴィクトリア朝におけるライバル同士の大物政治家——グラッドストンとディズレイリとの暗黙の激烈な争いを描いたジョン・テニエルの一連の風刺画は風刺画の絶頂期の傑作というべく，風刺画家（カートゥーニスト）たちに大きな影響を及ぼし，次第にコミック・ジャーナル，コミック・カッツ，コミック・チップス，コミック・ストリップ等へと，漫画のジャンルがひろがるようになる。その基本的なパターンをわれわれはチャールズ・ハリー・ロス（1842-97）の生涯に見ることができる。

　ロスは，ジャーナリストで風刺漫画家として世に出たが，『パンチ』に対抗

訳者解説

図2　「女王万歳」のポスターを眺めるヴィクトリア女王
「女王がいなければ国民はどうなる？　いや，それより漫画がなかったら女王はどうなるかな？」とある。

して『ジュディ，またはロンドン・シリオコミック・ジャーナル』(*Judy or the London Serio-Comic Journal*) の編集をはじめた。そして，アリー・スローパー (Alley Sloper) という名のコミック・ヒーローを創生した。アリー・スローパーは1867年に『ジュディ』で活動を開始していたが，新たに1884年5月からは週刊漫画『アリー・スローパーの半日休暇』(*Alley Sloper's Half-Holiday*) の主人公として抜群の人気を博するようになった。ある記録によると，1890年には，あらゆる種類のスローパー出版物が5200万部を超え，『アリー・スローパー』は，1923年までほとんど中断されることがなく，スコットランドを含めて考えると，漫画史の中で長寿第1位を占めていたということである。「アリー・スローパー」は，至る所でハウスホールド・ワードと化し，雨傘，ステッキ，パイプ，時計，玩具，花火などには「アリー・スローパー」の名が付けら

れていた。アリー・スローパーは，1887年6月18日を期して，ヴィクトリア女王即位50周年祝賀記念特別号を刊行し，その盛大な祝賀会の模様を映した漫画風のプレートを付録として配布した。実に雄大なプレートで，漫画界の王者の面目躍如たるものがあった。

　その制作者W・F・トマスは，『アリー・スローパー』の風刺画主任として，『半日休暇』の漫画生産を牛耳っていたが，同時代にもう1人，イギリス漫画技法の創始者といわれる風刺画家がいた。トム・ブラウン（1872-1910）で，風刺画，連載漫画，挿絵，絵画，ポストカード，商業美術等，幅広い分野でその名を馳せていた。

　このトム・ブラウンが描いた数あるコミック・カットのなかで，私が最も注目したいのは2点——ブラウンが差し出す漫画週刊誌を笑顔で受け取るヴィクトリア女王（図1）と，同じくブラウンが『コミック・カット』に載せた「女王万歳」のポスターを眺める笑顔の女王だ（図2）。これほど微笑ましいヴィクトリア女王のイメージを描いたカートゥーンは，おそらく他にない。ハノーヴァー朝に発生した政治風刺画が時を経て，英国人固有のユーモアによる独自の漫画を醸成させたのである。

人名索引

［ア　行］

アーネベヴィン　182

アイゼンハワー　191

アスクイス, ハーバート・ヘンリー　7, 150,
154-159, 161, 163-165, 168, 169, 179

アディントン, ヘンリー　5, 14, 44, 72-74, 79,
168

アトキンズ, ハンフリー　211

アトリー, クレメント　176, 182, 184-188

アバディーン伯爵　8, 14, 116-120

アルバート公　105, 120

アレクザンダー, A. V.　182

アレクサンドル3世　131

アン女王　17

イーデン, アントニー　14, 15, 119, 168, 179,
182, 187, 189-191, 193

イリングワース, レズリー　178, 187, 189,
190, 195

ヴィクトリア女王　100, 101, 106, 120, 121,
129, 137, 146, 212

ヴィッキー（ヴィクトル・ワイツ）　9, 181,
184, 194, 197

ウィリアム4世　91, 96, 97, 100, 101

ウィリアムズ, チャールズ　79, 82

ウィルクス, ジョン　66

ウィルソン, ハリエット　121

ウィルソン, ハロルド　10, 11, 198-203, 205,
207

ウィルソン, リチャード　208

ウィルミントン（スペンサー・コムトン）　5,
29, 32

ウィンチルシー卿　92, 93

ウェッブ, ベアトリス　174

ウェリントン公爵　5, 14, 89-95, 97-99, 116

ウェルスフォード, G. F.　157

ウォーナー, ジャック　205

ウォールドグレイヴ　33

ウォディントン, W. H.　131

ヴォルテール　34

ウォルポール, ホラス　29, 33, 35, 45, 51

ウォルポール, ロバート　1-5, 10, 14, 17, 18,
20-22, 24-27, 32, 37, 43, 52

ウッド, キングズリー　182

エカテリーナ　25

エドワード7世　156, 193

エルドン　88, 89

オコンネル, ダニエル　106

［カ　行］

カースルレイ　76, 79, 84

カーゾン, ジョージ　161, 165, 168

カータリット　29

カーラーチ, アーニーバーレイ　1

ガーランド, ニコラス　210

カーリントン　211

カール, ケヴィン　212

カミングズ, マイケル　9, 12, 186, 187, 195,
200, 211

キッチナー　160

キノック, ニール　217

キプリング　172

キャヴェンディッシュ, フレデリック　140

キャニング, ジョージ　5, 67-69, 72, 75, 76,
79, 81, 87-91

キャムデン　38

キャラハン, ジェイムズ　64, 199, 204-207,
209

キャロライン（ジョージ2世王妃）　21

キャロライン（ジョージ4世王妃）　85

キャンベル, オーラステア　216

キャンベル, プライス　46

227

キャンベル = バナマン，ヘンリー　9，154-156

ギルレイ，ジェイムズ　1，5，6，48，55，63，64，67-73，75，76，78，80-82

クーパー，ウィリアム　83

クーパー，ダフ　182

グールド，フランシス・カラザズ　9，152，153

グールバーン　89

グフト，ファン・デル　25

グラッドストン，ウィリアム　5，7-9，88，115，116，118，120，123，125，127，129-133，135，137，138，140-147，200

グラフトン　46，47，49，51

グラント，C. J.　95，96

グリーンウッド，アーザー　182

クリスティーン　196

クルックシャンク，アイザック　5，68，82，84，85

クルックシャンク，ジョージ　5，79，83

クルックシャンク，ロバート　91

グレイ伯爵　7，93-99，154

グレイヴ，ウォルド　5

グレンヴィル，ジョージ　5，44，45，48，49，63，72，78，80

グレンヴィル卿（ジョージの息子）　75，76

クロムウェル　80

ゲイ，ジョン　28

ゲイスケル，ヒュー　199

ゲッチ，P. L.　1

ゲッベルス　183

ケネディ，J. F.　193

ケント，ウィリアム　25

ケント，ジョン　199，201

ゴードリッチ　5，88-90

ゴードン将軍　137，140

コブデン，リチャード　105，114

コベット　89

コリー，T.　54

ゴルバチョフ　214

[サ 行]

サーキー　153

サール，ロナルド　188

サザーランド，グレアム　188，189

サッチャー，マーガレット　2，5，7，10，11，13，168，186，202，205，207，209-216，219

サムボウン，リンリー　153

サンディーズ，ダンカン　194

シーモア，ロバート　97

シウェル，マニー　187

ジェイムズ，チャールズ　34

ジェイムズ 1 世　17

ジェイムズ 2 世　27

ジェームズ 3 世（イングランド王）　17

シェバド，E. H.　176

シェリダン　66，76，80

シェルバーン　6，55-57

ジェンキンズ　199

ジェンセン，ジョン　200，204

ジョージ 1 世　17，18，20

ジョージ 2 世　3，20，29，33，40

ジョージ 3 世　7，27，40-42，44，51，66，73，76，78

ジョージ 4 世　78，85，87-91

ジョージ 5 世　156，158，159，161，165，168，169

ジョンソン，L. B.　198

シンクレア，アーチボールド　176，182

スウィフト，ジョナサン　26

スウェイン　144

スカージル，アーサー　207

スカーフ，ジェラルド　2，11，196，198，203

スカンロン，ヒュー　201

スターリン　184

スタンリー，ヴィニーシャー　157

スチュワート，マイケル　199

スティーヴン，フランセス　165

スティール，デイヴィッド　204，205

ステッドマン，ラルフ　11，198，210

ストルーブ，シドニー・ジョージ　9，168，

228

173, 175, 176, 183
スノードン，フィリップ　174, 176
スペンサー　129
スミス，F. E.　165
スミス，シドニー　108
セアラ　39
セイヤーズ，ジェイムズ　5, 56, 63
ソープ，ジェレミー　200, 203
ソールズベリー侯爵　9, 123, 141-143, 145,
　146, 149, 150, 152, 153
ソフィア　17

［タ　行］

ダービー伯爵　113-116, 118, 122, 123, 125,
　126
ダイソン，ウィル　9, 164
タウンゼンド，ジョージ　35
タウンゼンド，チャールズ　18
ダグラス＝ヒューム，アレク　145, 197, 198,
　202, 218
ダレス　191
ダンダス　69, 72
チェンバレン，ジョゼフ　141, 143, 144, 149,
　152-154, 157
チェンバレン，ネヴィル　9, 10, 177-179, 182,
　197
チャーチル，ウィンストン　10, 13, 119, 145,
　147, 149, 154, 159, 165, 168, 171, 173, 175,
　179, 181-188, 193
チャーチル，ランドルフ　141, 142, 145
チャプリン，チャールズ　189
ディーズ，ビル　210
デイヴィッドソン，J. G.　167
ディケンズ，チャールズ　97, 100, 106
ディズレイリ，ベンジャミン　7, 8, 48, 79, 88,
　99, 105, 107-109, 113-116, 118, 121-123, 125-
　129, 131-135, 138, 161, 173, 200
デヴォンシャー公　5, 33, 35
テナント，マーゴット　159
テニエル，ジョン　7, 99, 127, 130, 144, 153
テビット，ノーマン　218

デント，ウィリアム　5, 57, 63
ド・ゴール　183, 195, 196
ドイル，ジョン　89, 93, 98, 99, 101, 108
トムソン，J. ゴードン　134, 138, 142

［ナ・ハ行］

ナーセル　190, 191
ナポレオン　70, 117
ナポレオン3世　109
ニコルソン，ハロルド　174
ニュートン，リチャード　5, 63, 69, 70, 80
ノース卿　5, 6, 51-60, 64, 66
バーク，エドマンド　52, 56, 66
ハーコート，ウィリアム　144, 146
パーシヴァル，スペンサー　76, 78, 82
パースンズ，ナンシー　47, 49
バーチ，ナイジェル　196
ハーティントン　137, 144
バーデット，フランシス　82
ハートウィック　34
バーナード・ショウ，ジョージ　164
パーネル，チャールズ・スチュワート　138,
　141
バーバー，トーニー　200
パーマストン伯爵　8, 88, 101, 104, 111, 117-
　121
バーリー　25
ハウ，ジェフリー　207, 214
ハウィック　76, 80
パウエル，イーノック　200
パウリシノ，D.　32
バジョット，ウォルター　103
パッテン，クリス　217
パッドリッジ，バーナード　167
バトラー，R. A.　187, 188, 193, 194, 198
ハムフリー，ハンナ　64
ハリファックス　179, 182
パルトニ（バース伯爵）　32
バルフォア，アーサー　2, 15, 130, 145, 150-
　154, 157, 159
ハント，ウィリアム　83

ビアボウム，マックス　2, 9, 147, 150, 159, 184

ビーヴァーブルック　9, 165, 166, 172

ヒース，ウィリアム　5, 92, 94, 97, 98

ヒース，エドワード　202

ヒース，テッド　11, 12, 14, 194, 197, 200, 201, 203, 207, 209, 210, 218

ヒース，ヘンリー　88, 90

ヒースコート・エイモリ，デレック　194

ビートルズ　11

ピール，ロバート　8, 12, 88, 89, 91, 95, 99–101, 103–110

ビグ，ジョン　34

ビスマルク　131

ビッカム，ジョージ　5, 18, 26

ピット，ウィリアム（小ピット）　1, 2, 5–7, 12, 51, 56, 63, 64, 66–75, 81, 117, 135, 200

ピット，ウィリアム（大ピット，チャタム伯爵）　1, 13, 33, 37–41, 44–46, 49, 52

ヒットラー　9, 13, 175, 178, 179

ビュート　13, 40–44, 51, 53

ヒル，レナード・レイヴィン　160

ファーニス，ハリー　9, 145, 146

フォークス，ウォーリー（トロッグ）　202, 209

フォックス，チャールズ・ジェイムズ　6, 12, 54, 55, 57–60, 64, 66, 69, 70, 72, 75, 80, 135, 141, 200

フォックス，ヘンリー　34, 35

フット，マイケル　186, 204, 207

ブライト，ジョン　105, 117

ブラウニング，ロバート　196

ブラウン，ジョージ　199

フラック　213

ブリグマン，G.　140

ブリッジウォーター　69

ブルーム　85, 90

ブルックス，ピーター　217

ブレア，トニー　216

プロフューモ，ジョン　196

ブロンディン，チャールズ　155

ヘイグ　161, 163

ヘイスティングズ，ウォレン　66

ベヴィン，アーネスト　174, 185

ヘセルタイン，マイケル　213, 214

ヘディーヴ　128

ペラム，ヘンリー　14, 29, 30, 33, 37, 39

ベリンガム，ジョン　82

ベリンガム，ヘンリー　76, 78

ベル，スティーヴ　2, 13, 209, 214, 216

ベン，トニー　204

ヘンダソン，アーサー　167

ベンティング　108

ホア，サミュエル　177

ボイン，J.　58

ホークスベリー　72

ポートランド公爵　76

ホールズ，トマス・ペラム（ニューカースル公）　1, 14, 29, 30, 33–35, 38–40

ボールドウィン，スタンリー　9, 13, 150, 165, 166, 169, 171–173, 175–177, 215

ホーン，ヘンリー　81

ホガース，ウィリアム　2

ホッグ，クインティン　194

ボナ・ロウ，アンドリュー　150, 157, 161, 163–166, 168, 169

ホバート　72

ホワイトロー，ウィリー　200

[マ　行]

マガリッジ，マルコム　178

マクストン，ジミー　176

マクドナルド，ラムゼイ　9, 164, 167, 169, 171, 173–176

マクマートリ，スタン　218

マクミラン，ハロルド　191, 193–196, 198, 207

マクロード，イアン　194

マンスフィールド　53

ミセス・ノートン　100

ミルトン　80

ミルナー，アルフレッド　150

ミルン，A. A.　176

ミレイ，ジョン・エヴァレット　161
ムッソリーニ　9, 13, 175, 177
メイジャー，ジョン　2, 168, 213, 215-219
メッテルニッヒ　120
メリー，トム（ウィリアム・ミーチャム）
　　142
メルヴィル　89
メルバン子爵　99-103, 105, 119
メロー，デイヴィッド　215, 218
モーリー，ジョン　155
モズリー，オズワルド　174, 176
モリソン，ハーバート　182, 187

［ヤ・ラ行］

ヤンガー，ジョージ　197
ヨーゼフ，フランツ　131
ラッセル，ウィリアム　117
ラッセル，ジョン（ラッセル伯爵，前ジョン・
　　ラッセル卿）　8, 94, 96, 98, 101, 107-111,
　　113, 114, 121, 122
ランカスター，オズバート　9, 183
リーチ，ジョン　7, 99, 106, 119, 127
リード，エドワード・テニソン　161

リヴァプール卿　5, 78, 79, 83-85, 87, 91
リデル，クリス　219
リベントロップ　179
ルーズヴェルト　183
レ・ジーバル　204
レーガン　11
レセップス，フェルデナンド・ド　128
レディ・ジャージー　120
ロイド，セルウィン　194
ロイド・ジョージ，デイヴィッド　150, 154,
　　156-161, 163-168, 171, 173, 175, 176, 178
ロウ，デイヴィッド　9, 13, 14, 166, 174, 177-
　　179, 181, 182, 185, 189
ロウソン，ナイジェル　214
ロウランドソン，トマス　5, 63
ローザミア　172
ローズ，セシル　150
ローズベリー伯爵　8, 133, 144, 146, 147, 149,
　　150, 155, 198
ロスチャイルド男爵　128
ロッキンガム　49, 55, 56
ロッテスリー，エリザベス　47
ロバーツ卿　152
ロビンソン　91

《著者紹介》

ケネス・ベイカー（Kenneth Baker）

　1934年に生まれる。セント・ポール校で教育を受け，オクスフォード大学モードリン・コレッジを卒業。1968年に下院議員となり，長期にわたる政治生活を営むなかで重要な役職に就いた。環境大臣（1985-86），教育・科学大臣（1986-89），内務大臣（1990-92），保守党議長（1989-90）を歴任した。

　彼はまたテレビの台本の執筆や，新聞・雑誌上での評論活動でも広く知られるようになった。まとまった著作としては，『フェイバー版・韻文による英国の歴史』（1988）と彼の回想録『騒動の年』（1992）がある。彼は長年にわたって，英国の政治的風刺画の伝統についての研究を行った。そして自らそれらの収集に着手し，斯界最大級のコレクションを所蔵するまでになった。このテーマに関する彼の2つのプログラム，「ウォルポールのお尻からメイジャーのアンダーパンツまで」が，1994年にBBCテレビで放映された。なおここに添えられたカットは，ケネス・ベイカー自身の風刺画で，画家はケヴィン・カール。本書212頁のサッチャーを描いた風刺画家と同じである。

《訳者紹介》

松村　昌家（まつむら・まさいえ）

1929年生まれ。1957年大阪市立大学大学院文学研究科修士課程修了。現在，大手前大学名誉教授。主著に『明治文学とヴィクトリア時代』（山口書店，1981年），『水晶宮物語——ロンドン万国博覧会 1851』（リブロポート，1986年），『ディケンズの小説とその時代』（研究社出版，1989年），『ヴィクトリア朝の文学と絵画』（世界思想社，1993年），『『パンチ』素描集』（編集，岩波文庫，1994年），『十九世紀ロンドン生活の光と影』（世界思想社，2003年），『文豪たちの情と性へのまなざし』（ミネルヴァ書房，2011年），『ヴィクトリア朝文化の世代風景』（英宝社，2012年），『大英帝国博覧会の歴史』（ミネルヴァ書房，2014年）など。

　　　　　　　風刺画で読み解くイギリス宰相列伝
　　　　　　　　——ウォルポールからメイジャーまで——

2018年5月31日　初版第1刷発行　　　　　　　　　　（検印省略）

定価はカバーに
表示しています

訳　者　　松　村　昌　家
発行者　　杉　田　啓　三
印刷者　　江　戸　孝　典

発行所　株式会社　ミネルヴァ書房
607-8494 京都市山科区日ノ岡堤谷町1
電話代表　（075）581-5191
振替口座　01020-0-8076

© 松村昌家，2018　　　　　　　　共同印刷工業・新生製本

ISBN978-4-623-07946-9
Printed in Japan

松村昌家 著　　　　　　　　　　　　　　　　　　　　　　　A 5 判・304頁
大英帝国博覧会の歴史　ロンドン・マンチェスター二都物語　本　体 3800円

ヘンリー・メイヒュー 著　松村昌家／新野　緑 編訳　　　A 5 判・282頁
ヴィクトリア朝ロンドンの下層社会　　　　　　　　　　本　体 4600円

川本静子／松村昌家 編著　　　　　　　　　　　　　　　四六判・356頁
ヴィクトリア女王　ジェンダー・王権・表象　　　　　　本　体 3500円

G. M. ヤング 著　松村昌家／村岡健次 訳　　　　　　　A 5 判・306頁
ある時代の肖像　ヴィクトリア朝イングランド　　　　　本　体 4000円

木下　卓／窪田憲子／久守和子 編著　　　　　　　　　　A 5 判・296頁
イギリス文化 55のキーワード　　　　　　　　　　　　本　体 2400円

指　昭博 編著　　　　　　　　　　　　　　　　　　　　A 5 判・264頁
はじめて学ぶイギリスの歴史と文化　　　　　　　　　　本　体 2800円

木畑洋一／秋田　茂 編著　　　　　　　　　　　　　　　A 5 判・392頁
近代イギリスの歴史　16世紀から現代まで　　　　　　　本　体 3000円

──────────── ミネルヴァ書房 ────────────

http://www.minervashobo.co.jp/